城市邻避 与空间治理

Spatial Governance of Urban NIMBY

王玉龙◎著

中国社会科学出版社

图书在版编目（CIP）数据

城市邻避与空间治理 / 王玉龙著. -- 北京：中国社会科学出版社，2024.11. -- ISBN 978-7-5227-4406-3

Ⅰ. C912.81

中国国家版本馆 CIP 数据核字第 2024E4S503 号

出 版 人	赵剑英
责任编辑	党旺旺
责任校对	罗婉珑
责任印制	张雪娇

出　　版	中国社会科学出版社
社　　址	北京鼓楼西大街甲 158 号
邮　　编	100720
网　　址	http://www.csspw.cn
发 行 部	010-84083685
门 市 部	010-84029450
经　　销	新华书店及其他书店

印　　刷	北京明恒达印务有限公司
装　　订	廊坊市广阳区广增装订厂
版　　次	2024 年 11 月第 1 版
印　　次	2024 年 11 月第 1 次印刷

开　　本	710×1000　1/16
印　　张	12
字　　数	171 千字
定　　价	78.00 元

凡购买中国社会科学出版社图书，如有质量问题请与本社营销中心联系调换
电话：010-84083683

前　言

随着社会经济的发展，公众权利意识和环境意识增强，逐渐察觉许多城市设施潜在的影响或风险。由此，许多设施尽管带来地方发展的整体效益，但仍因公众担忧而面临"落地难""运营难"的问题，成为城市发展中"不要建在我家后院"的邻避现象。回想自己最早接触邻避现象之时，还是高中时期看到相关新闻报道，彼时只感到触动，对其背后复杂的学理内涵毫无感知，更遑论想象自己有一天会同邻避研究结缘。在山东大学政治学与公共管理学院求学的十一年间，在聆听老师们对专业课程的精彩讲授中，尤其是在我的导师王佃利教授的言传身教下，我逐渐进入公共管理的知识殿堂，接触并逐渐进入到邻避研究。2016 年，我荣幸地作为师门邻避研究团队的一员参与《邻避困境：城市治理的挑战与转型》一书的研究和写作中，开始了对邻避这一现象的研究历程。此后，在对邻避现象的研究过程中，我也持续感受到邻避现象的理论认识和治理实践的发展和变化。

在研究之初，研读和学习了既有研究从不同角度对邻避内涵实质及其成因的独到分析，在求知这一现象背后复杂而深厚的学理内涵时，自己亦感慨邻避现象由此体现出的治理难度。其后，城市发展中的邻避现象在可感知的程度上发生了显见变化，见诸报端的、具有较高影响力的事件减少，但同时越来越多地渗入城市社区的日常运行与公共设施建设之中。与此相应，治理邻避现象的政策实践和理论研究也逐渐深入，原先针对事件本身的治理已不满足城市发展的现实需要，建立长效、韧性的治理机制，塑造共识，利益共享，构建治理共同体，以促进地方发展，成为邻避现象治理的主题。随着实践的发展，近年来地方上已经出现邻避治理的有益探索，通过有效治理，在保障项目落地的同时实现居民与设施和谐共存，兼顾了化解邻避现象与促进地方发展。这对于邻避议题领域中的管理者、研究者而言，都是很大的激励，也反映着对此继续推进理论研究之必要。

邻避现象的治理要求，从针对事件本身的化解，逐渐转向面向地方发展、打造以邻避设施为纽带的地方共同体而进行治理。这也同时为邻避研究提出了理论上的要求。基于对这一问题的兴趣，我将其作为自己博士学位论文的选题依据，本书也是在博士学位论文的基础上修改而成。本书从空间生产和空间治理的视域出发，以期面对邻避现象发展的新态势、治理的新要求，对这一问题进行思考。

在不断发展变化着的城市邻避现象中，城市产业布局、城市公共设施建设与服务供给、公众日常生活等多重地方空间利用方式之间的张力日益显现，超越了各主体间围绕利益关系的博弈，指向更加多元化的诉求体系。邻避设施的建设、运营及其对地方的影响，转变了地方空间资源要素的开发利用方式以及地方公众的日常生活，进而重塑了各主体之间围绕空间利用而形成的社会关系。20世纪中叶社会科学领域的"空间转向"对此提供了有价值的解释，揭示了空间的社会属性，提出"空间的社会性生产"的概念，并从社会关系的角度考察权力、资本运作带来的空间生产中的风险。在这一意义上，邻避设施的建设、运营亦带来地方上邻避空间的生产。本书的第一章即对此进行讨论。

当前，新型城镇化深入推进，实现高品质的发展和现代化的治理成为城市发展转型的目标——这本身亦是围绕"生产怎样的空间"和"怎样生产空间"所推动的城市空间重塑。而在这一过程中，许多带来邻避效应的城市设施因其促进产业发展、提供公共服务功能而成为城市转型发展的必需品。在这一意义上，邻避现象本身亦是城市空间重塑中潜在冲突风险的一类典型表现。权力和资本在城市空间生产过程中的运作逻辑，引发多方主体在"生产怎样的空间"这一问题上的认知分歧；在

"如何生产空间"这一问题上围绕权利保障、权力运作、价值保障等维度形成的行动张力,也影响到邻避空间的生产及其中冲突风险的形成和演化,并在具体情境之下具有特殊性。某种程度上,城市发展中的邻避现象亦可称之为一种"邻避型空间冲突"——这一方面试图表达出邻避现象本身所具有的空间性质,即城市邻避空间的生产及其冲突风险;另一方面也试图表明,邻避现象作为城市空间冲突风险的一类表现,越来越同其他城市发展与治理实践相融合。邻避设施的地方影响在实践中主要表现为两种形式:一是新建设施的政策规划引起部分公众的担忧,产生邻避效应;二是随着地方发展、人口集聚,原有设施在日常运行中的影响或风险为公众所察觉。这两种形式实际上反映了"增量型"和"存量型"两类不同的邻避空间生产情境。在两类情境下,其空间利用方式存在差异,各主体间围绕空间概念的认知建构过程及其分歧,以及围绕权利、权力和价值维度所采取的行动亦存在差异;其实践中的治理要求和举措亦各有侧重。据此,本书在第二章构建了包含"发生情境—风险演化—治理面向"的理论解释框架,并在第三章和第四章,分别通过多案例分析和个案研究的方式,考察了"增量型"和"存量型"两类邻避空间生产的现实情境、路径特征,冲突风险演化的逻辑以及相应的治理举措。

邻避现象的治理要求,已超越对事件本身的应对,而指向如何促进城市高品质的发展与高水平的治理。邻避现象的空间性质,以及邻避空间生产的情境及其中的冲突风险演化,都指向邻避空间治理,即在当前城市发展转型的空间重塑过程中,优化城市邻避空间生产,构建长效治理机制,实现多方主体在空间生产中的权力平衡、权利保障和价值捍卫。邻避空间生产的两类不同情境,使得空间主体之间的空间关系、空间认知以及行动方式呈现出多元化、差异化的特点。这些差异也同时反映出不同主体在"管理主义"和"发展主义"双重驱动下的复杂行动方式。基于此,邻避空间治理意味着在结果导向、过程导向和发展导向多维交织下进行治理定位。进而,立足邻避空间生产的差异化治理要求,并结合近年来国家治理现代化进程中相关政策的发展，优化多元化空间治理工具的应用。最终，通过针对性的路径设计，切实提升邻避空间治理效能。本书第五章即针对上述内容，基于对"增量型"和"存量型"两类邻避空间生产及其冲突风险演化的实证考察结果，从邻避空间生产的治理定位、治理工具与治理路径三个方面，对如何实现邻避空间治理展开探讨。

本书在博士学位论文的基础上修改而成。感恩在山东大学政治学与公共管理学院从本科、硕士再到博士阶段宝贵的求学经历，感谢一路走来身边的师长、同学和朋友们，让我无论是在专业理论知识、研究方法技术和研究态度等方面都受益匪浅。感谢我的导师王佃利教授，在王老师的言传身教之下，我不仅感受到何为认真的教学态度和科研精神，更见识到了一名严谨的学者应当如何治学。导师作为榜样亦激励我在工作后努力去做好自己的教学和研究。感谢山东师范大学公共管理学院提供的科研支持与学术环境，同师友的相处总让我获益良多。感谢中国社会科学出版社党旺旺老师对这一主题的专业把握，以及修改校对过程中细致的工作，让本书得以顺利出版。感谢我的父母、妻子和女儿，在繁忙的工作中，家庭总是我最坚实的后盾。

囿于水平所限，本书难免存在不足和疏漏之处，敬请批评指正。

目　录

第一章　导论

第一节　城市发展中邻避现象的产生及变化

一　城市增长与邻避现象的出现

改革开放以来，我国城市在"增长主义"逻辑下进入快速扩张的时期。城市既是改革浪潮中的前沿阵地，也是国家经济的关键增长极。"增长主义"推动了各种城市发展资源的广泛集聚与高效开发，人口、资本向城市大量涌入，城市地域快速扩张。1978 年年底，我国城镇人口为 1.7245 亿人，总人口 9.6259 亿人，城镇化率为 17.92%；2022 年年底，我国城镇人口为 9.2071 亿人，总人口 14.1175 亿人，城镇化率已达到 62.22%。[①] 改革开放以来中国取得的发展奇迹，在很大程度上就是"城市奇迹"。但"城市奇迹"的另一面，则是城市公共治理问题的呈现与扩散：快速增长的社会财富在社会群体之间的分配不平衡日益突出，进而上升到基于资源分配失衡的阶层分化；城市快速扩张中的人口集聚、资源消耗与环境污染凸显城市公共服务短板，引发一系列被冠以"城市病"的城市公共问题。

邻避现象正是在这一背景下逐渐凸显为城市发展的典型挑战。邻避现象最早出现在西方发达国家，其英文 Not In My Backyard（NIMBY）原意为"不要在我家后院"，用以描述地方上促进经济增长、提升区域公共水平的项目或设施，因其对周边居民所带来的负面影响而遭到抵制的现

[①]　国家统计局：《中国统计年鉴 2023》，https://www.stats.gov.cn/sj/ndsj/2023/indexch.htm。

象。伴随城市增长出现的邻避现象，既是单位制影响弱化与社区运动兴起的治理体制转轨的产物，① 也是城市快速增长中的公众集体行动向环境议题扩展的结果。

二 城市转型发展与邻避现象的新态势

2011 年我国常住人口城镇化率首次超过 50%，正式进入城市时代，也开启对城市发展逻辑的变革与重塑，推进人本主义导向的发展模式深刻转型：从规模扩张和速度提升转向重视发展质量的内涵式提升；从简单追求城市经济增长转向提升城市公共服务水平、改善城市环境等事关市民生活质量的领域；从注重以 GDP 增长为代表的客观指标转向以人民"获得感"提升为代表的主观体验。这些都指向城市"增长主义"的终结。而随着城市转型变革的深入推进，邻避现象产生了新的发展变化，呈现出"常态化""地方化"的发展态势。

从"常态化"方面看，邻避现象多集中在城市发展所需的公共设施建设中，后者有时带来区域效益与局部风险的分配失衡。目前公众针对公共设施负面效应的敏感性不断增强，包括但不限于加油加气站、能源设施、输变电设施、通信设施、社区医疗养老服务设施等在内的公共设施邻避属性不断显现。与此同时，城市品质提升对这些公共设施建设的客观需求不断增加。

从"地方化"方面看，有研究发现，邻避现象的对抗性有所缓和，但其数量经历过快速增长后仍居高不下，设施类型呈现出多元化和扩散化趋势，从大城市向中小城市和农村扩散，从东部地区向中西部地区扩散。② 换言之，邻避现象尽管从程度上随着对"增长主义"逻辑的矫正有所缓和，但同时更多地呈现出新的发展态势，进一步成为制约城市转型发展的典型治理挑战。

三 城市研究的"空间转向"与邻避现象的问题呈现

随着城市增长所出现的邻避现象又进一步成为城市转型发展的阻力。

---

① 何艳玲：《"中国式"邻避冲突：基于事件的分析》，《开放时代》2009 年第 12 期。
② 郑旭涛：《改革开放以来我国邻避问题的演变趋势及其影响因素——基于 365 起邻避冲突的分析》，《天津行政学院学报》2019 年第 5 期。

这一现实情境迫切要求地方政府重新定位邻避现象的治理议题，即在城市转型发展中，地方政府面对邻避现象究竟治理什么。社会科学研究中的"空间转向"提供了有价值的分析视角和解释思路。

（一）城市研究的"空间转向"

20世纪中叶，列斐伏尔（Henri Lefebvre）首先提出了"空间生产"的理论概念，揭示了空间所具有的社会属性，提出空间生产不再是空间中的生产，而是空间本身的生产，伴随着空间的建设生产出了新的社会关系。此后，卡斯特尔（Manuel Castells）、哈维（David Harvey）等学者在此基础上不断推进研究，产生了重要的学术影响，引发了社会科学研究中的"空间转向"。

空间生产理论是对马克思主义基本分析立场的继承与创新。一方面，空间生产理论弥补了经典马克思主义对"空间"考察的缺失，将人的社会生产从物质资料拓展到空间的生产中。空间的生产不再是"空间中的生产"而是"空间本身的生产"，空间本身生产出了社会关系，空间的生产体现了资本的运作逻辑。另一方面，空间生产理论弥补了经典马克思主义对"城市"分析的缺失，将城市空间的生产作为考察和解释资本运作逻辑的重要内容，"一个无剥削的社会愿景现在必然聚焦到了城市和城市的关系之上，不再像从前，主要是聚焦于所有权或工业生产的组织之上"。[1] 哈维（David Harvey）分析了资本的三循环，认为资本在第一循环（即社会物质生产部门的资本增殖与过度积累）基础上，先后通过投入城市空间建设的"第二循环"，以及投入劳动力再生产过程的各项社会开支的"第三循环"，来实现对剩余资本的吸收，缓解自身过度积累的矛盾，因此"城市化从来都是吸收剩余资本和剩余劳动力的关键手段"。[2] 空间生产理论将"城市""空间""社会关系生产"有机结合起来，增强了马克思主义理论对资本主义城市客观现实的解释力。

---

① ［美］艾拉·卡茨纳尔逊：《马克思主义与城市》，王爱松译，江苏教育出版社2013年版，第91—92页。

② ［美］戴维·哈维：《叛逆的城市：从城市权利到城市革命》，叶齐茂、倪晓晖译，商务印书馆2014年版，第43页。

近年来，空间生产理论逐渐成为国内城市研究中重要的理论视角，从空间冲突生成的角度解释城市治理问题的成因，"新马克思主义空间理论作为一种理论视角和分析方法，对于我们看待当前中国城市化过程中出现的问题具有重要启示意义"。① 更为重要的是，这一理论提供了关于城市转型发展方向与路径的理论展望，"空间研究的基本取向不是提供就空间论空间的解释，而是在对空间现实的批判中寻找空间发展的方向"。②

（二）城市邻避现象的问题呈现

从城市空间开发利用方式上看，城市从外延扩张向内涵提升的发展转型，反映了城镇化过程从城市增量空间开发向城市存量空间优化的发展方式转变，"城镇化是对空间的生产和再造，城镇化过程中产生的诸多问题本质上就是城市空间生产、分配、交换和消费的问题"。③ 在这一视角下，邻避现象可以说是反映了在产业布局、公共设施建设等城市空间利用中，多元主体围绕空间的生产与利用所形成的冲突。这一问题主要表现在两个方面。

一是邻避现象在城市空间生产过程中的广泛渗透。面对社会力量的发育和城市生活质量的需求，当前新一轮的城市转型聚焦于增长速度放缓下对城市品质的追求。《2018 中国城市与产业发展白皮书》指出，城市经历的下行阶段与发展调整期，逐渐从一线、二线城市向三、四线城市延展，自 2018 年 2 月之后城市能级之间的轮动已经全面进入下行期。④ 随着城市调整与转型逐渐铺开，优化城市发展的产业结构，提升基础设施与公共服务供给的城市生活品质，成为城市在推进转型中的重要举措。而邻避现象在城市建设领域中的渗透性特征日益凸显，不仅广泛

① 陈忠：《空间理论与城市秩序：中国特色城镇化研究报告 2010》，黑龙江人民出版社 2011 年版，第 81 页。

② 魏开、许学强：《城市空间生产批判——新马克思主义空间研究范式述评》，《城市问题》2009 年第 4 期。

③ 刘荣增：《基于存量优化的城市空间治理与再组织——以郑州市为例》，《城市发展研究》2017 年第 9 期。

④ 张玉、石英婧：《中国城市与产业发展白皮书发布 40 年间都市圈辐射效应凸显》，https：//finance. sina. com. cn/roll/2018-12-15/doc-ihmutuec9327566. shtml，2018 年 12 月 15 日。

渗透于显见污染的传统化工、传统能源、垃圾处理、污水处理等领域，近年来通信产业、电力行业、新能源产业、养老医疗服务行业等风险更小、负面效应更加间接的领域，也越来越多地出现邻避现象。根据可查到的资料，2016 年，河南省计划新增的 371 座 110 千伏及以上变电站，超过三分之一的项目面临"落地难"；① 2015 年，湖北省建设遇阻的 1473 个通信基站中，有 828 个是由邻避现象所致；② 南京市主城区在 2016 年就有 4 个养老院建设项目因居民抵制而搁浅。③ 对地方政府而言，邻避现象已逐渐成为制约城市产业布局与升级、阻碍城市基础设施和公共服务提升的显见阻力，制约着城市空间生产。

二是加深了城市空间生产目标和结果之间的异化。随着社会力量的发育，公众从物质财富的增长转向对生活质量的追求，"我国社会主要矛盾已经转化为人民日益增长的美好生活需要和不平衡不充分的发展之间的矛盾"④；随着社会利益结构的多元化，公众的权利敏感性不断提升，对于城市资源配置与开发结果给予更加敏感和差异化的利益感知与利益评价；随着信息时代下信息网络、社会动员机制及网络技术对于公众组织动员和行动能力的技术赋权⑤，公众针对城市发展目标的集体性行动能力明显增强。在这一情境下，不仅推进城市转型的建设决策容易因为公众对封闭决策、强制执行、忽视社会整体发展效益的治理失序感知而引发抵制行动，同时城市既有设施的邻避属性也逐渐越来越多地被察觉。地方政府致力于城市转型与发展的建设决策，一方面可能因引发邻避现象反而成为影响既有社会秩序、加剧治理成本的因素；另一方面可能因决策难以有效落地，最终无法实现提升地方发展效益的治理目标。

---

① 宋敏：《变电站为何面临"落地难"》，《河南日报》2016 年 10 月 11 日第 6 版。

② 汪亮亮：《去年湖北 1473 个通信基站建设受阻伪装成树仍遭抵制》，http://jiangsu.china.com.cn/html/2016/hubnews_0404/5111387.html，2016 年 3 月 24 日。

③ 网易新闻：《小区兴建养老院缘何频频受阻》，https://www.163.com/news/article/C0O8DOLP00014AED.html，2016 年 9 月 12 日。

④ 习近平：《决胜全面建成小康社会 夺取新时代中国特色社会主义伟大胜利——在中国共产党第十九次全国代表大会上的报告》，人民出版社 2017 年版。

⑤ 高芳芳：《环境传播：媒介、公众与社会》，浙江大学出版社 2016 年版，第 120 页。

因此，城市转型发展中的空间特征以及"新邻避情境"的问题呈现，意味着邻避现象的治理指向逐渐超越如何回应和化解冲突本身，而在于如何通过对邻避现象的治理推进社会转型与可持续发展。由此，转型期邻避现象的问题呈现、城市转型的空间实质、基于社会发展而非社会维稳的冲突治理，是理解当前城市邻避现象的主要议题。

第二节　邻避研究的发展脉络

一　邻避现象的理论解释

邻避现象是经济社会发展水平达到一定程度后出现的社会问题。以美国为代表的西方国家率先面临邻避现象的挑战，因而在其内涵、类型、原因、治理等方面进行了先发性的理论探索。国内邻避现象出现较晚，其"后发"特征使得相关研究在借鉴国外既有研究成果的基础上，基于中国的邻避问题的实际情境呈现出本土化色彩。

（一）"邻避"概念的建构

欧美国家在 20 世纪中后期就较早面临城市发展中的邻避问题，而对于中国而言，随着城市社会经济发展水平的逐步提高和公众权利意识、环境意识的提升，邻避现象方逐渐成为显见且愈发普遍的城市治理议题。

1. 国外"邻避"概念的提出及其理论内涵

20 世纪 70 年代之前，环境污染长期被视作经济发展的必然结果被公众所忽视。20 世纪 70 年代石油危机之后，人们逐渐认识到社会生产所带来的环境影响，针对环境污染设施的抗议逐渐展开，1977 年后爆发的"拉夫运河事件"① 作为环境抗争的标志性事件，激活了社会公众的"邻

---

① 美国一家化工企业在 1942 年购买了时为废弃运河的拉夫运河作为"垃圾厂"，在 11 年内向运河排放了 2 万余吨工业废弃物，经简单填埋后转赠给当地教育机构，之后随着城市的发展，此处逐渐成为人口集聚的居住区。1977 年开始，当地居民的健康问题集中爆发，运河所存在的污染问题被察觉，公众动员进行持续抗议，最终迫使当地政府搬离居民并斥巨资清理有毒物质。

避行动"。① 奥黑尔（O'Hare）在 1977 年的一项研究中最早描绘了"Not On My Block"这一现象，指出一些设施因其具有地方性、广泛的社会效益、被认为对地方有害、将改变当前的空间用途等特征，对周边居民带来负面影响。在人们环保意识提升的背景下，这些曾经被忽视的代价被居民重新察觉，但项目选址未能针对此予以恰当合理的补偿，使得居民尽管承认"我们需要它"，但同时也请"不要建在我这里"。②

该研究使人们逐渐认识到"邻避"这一现象并予以描述。进入 20 世纪 80 年代，研究者开始用"不要建在我家后院"的 NIMBY（Not In My Backyard）概念来定义这一日益普遍的现象。③ 而除了 NIMBY 这一概念之外，人们还创造出了诸多术语来形容这一现象（见表 1-1）。总的来说，邻避现象指向那些兼具区域整体效益但对地方居民利益有损的公共设施，其在抽象层面往往得到支持，但在具体建设中则面临居民抵制。

表 1-1　　　　　　　　　　国外邻避现象的主要术语

术语	全称	直译
NIMBY	Not in My Backyard	别在我家后院
NOTE	Not Over There Either	不在那里
NIMNBY	Not in My Neighbor's Backyard	别在我邻居的后院
NIABY	Not in Any Backyard	别在任何人的后院
LULU	Locally Unwanted Land Uses	地方上不期望的土地利用
NOPE	for Not on Planet Earth	别建在地球上
BANANA	Building Anything Not at All Near Anyone	别靠近任何人建任何东西
NIMTOO	for Not in My Term of Office	别在我的任期内

资料来源：Michael Dear，"Understanding and Overcoming the NIMBY Syndrome"，*Journal of the American Planning Association*，Vol. 58，No. 3，Nov 2007. Di Masso Tarditti，*A. Towards A New Topology of Social-Environmental Conflicts：Rethinking NIMBY In the Context of Environmental Mobilisations in Catalonia*，ECPR Nicosia Joint Sessions，2006. 表格系笔者在此基础上整理而成。

---

① 王佃利等：《邻避困境：城市治理的挑战与转型》，北京大学出版社 2017 年版，第 14 页。

② O'Hare Michael，"Not on My Block You Don't：Facilities Siting and the Strategic Importance of Compensation"，*Public Policy*，Vol. 25，March 1977.

③ Emillie Travel Livezey，"Hazardous Waste"，*Christian Science Monitor*，November 6，1980.

2. 国内"邻避"概念的引入与演绎

20 世纪八九十年代，中国港台地区在快速发展中逐渐面临邻避现象带来的治理挑战，推动邻避研究。21 世纪初，邻避现象陆续在经济发达城市的基层社区出现。例如，某社区垃圾压缩站自 1999 年投入使用后引发了持续不断的邻避问题，直到 2004 年当地政府对其进行改造后方告一段落，何艳玲从中察觉到基层治理主体"从松散的、单个的原子化状态自觉过渡到了正式的、集体的组织化状态"的巨大变化。[①]

在西方学术话语下，邻避设施是指能带来社会效益的公共设施。国内邻避事件最初集中在环境领域中的两类设施——化工厂与垃圾焚烧厂建设项目。[②] 某种意义上，化工厂其实并非严格意义上的邻避设施，而是带有风险的商业项目，因其并非涉及公共利益的政府行为，而是涉及经济利益的企业行为，只是在 GDP 竞争中地方政府将其界定为公共利益。[③] 事实上，对于邻避概念是否适用于描述此类设施引发的环境抗争，学界也曾有过讨论。邻避这一概念在西方语境下有着抵制公共设施的"自私自利"与"非理性"标签，轻易使用邻避概念"可能会形成对公众的道德预判，严重挫伤民间社会艰难孕育出的权利意识"，[④] 但"邻避主义"的外延事实上正在不断扩大，"包含了一切有着潜在环境和安全风险及危害的大型生产项目以及设施建设"，[⑤] 甚至实践中发生的生产安全事故也不断"刷新了'邻避主义'的外延"。[⑥] 由于化工企业在国内邻避发展史上具有的事实性意义，当前国内邻避研究的对象已不仅包括具有

---

① 何艳玲：《"邻避冲突"及其解决：基于一次城市集体抗争的分析》，《公共管理研究》2006 年。

② 李修棋：《为权利而斗争：环境群体性事件的多视角解读》，《江西社会科学》2013 年第 11 期。

③ 何艳玲：《对"别在我家后院"的制度化回应探析——城镇化中的"邻避冲突"与"环境正义"》，《人民论坛·学术前沿》2014 年第 6 期。

④ 陆健：《廓清邻避误解，勿污名反对者》，http://www.infzm.com/content/90423，2013 年 5 月 16 日。

⑤ 李志青：《环保应跳出"邻避主义"怪圈》，《文摘报》2013 年 5 月 21 日第 6 版。

⑥ 贾卫列：《时刻警惕邻避陷阱》，https://opinion.huanqiu.com/article/9CaKrnKjEBa，2019 年 4 月 10 日。

负外部性的公共设施，也包括各种带有风险性的商业项目。① 后者已成为国内邻避设施的重要组成部分。

此外，国内研究还在术语上形成了解构邻避现象的概念丛林。② 有别于国外研究中采用多种术语以表达不同的邻避情感强度，国内研究中纷繁多样的邻避概念侧重于对不同环节的描述和解构（见表1-2）。

表1-2　　　　　　　　国内"邻避丛林"概念辨析

侧重点	概念	含义
设施	邻避设施	因事实上或想象中的威胁而受到居民选择性抵制的公共设施本身③
	邻避项目	地方政府准备上马但因潜在风险和收益不对等而遭到抵制的政策项目④
态度	邻避情结	当地居民对邻避设施建在自己家门口而感到恐惧的情结⑤
	邻避风险	设施自身属性以及公众与政府在相关议题上的认知分歧而形成的风险⑥
行为	邻避冲突	民众担心邻避建设项目对自己的居住环境产生负面影响，从而产生抵触情绪，以致引起的群体抗议行为⑦
	邻避群体性事件	通过非法定渠道向项目单位表达意愿、提出要求，对社会秩序造成一定影响的行为或活动⑧
	邻避抗争	环境受害者利用正式或非正式的方式进行利益表达和维护的行为⑨
	邻避运动	居民表达对设施建设的反对诉求和维护自身环境权、健康权、安全权、不动产价值等权益的抗争性行为⑩

---

① 涂一荣、魏来：《"邻避"研究的概念谱系与理论逻辑——文献梳理和框架建构》，《社会主义研究》2017年第2版。

② 王佃利等：《邻避困境：城市治理的挑战与转型》，北京大学出版社2007年版，第40页。

③ 黄岩、文锦：《邻避设施与邻避运动》，《城市问题》2010年第12期。

④ 吕书鹏、王琼：《地方政府邻避项目决策困境与出路——基于"风险—利益"感知的视角》，《中国行政管理》2017年第4期。

⑤ 胡象明、刘鹏、曹丹萍：《政府行为对居民邻避情结的影响——以北京六里屯垃圾填埋场为例》，《行政科学论坛》2014年第6期。

⑥ 王佃利、王庆歌：《风险社会邻避困境的化解：以共识会议实现公民有效参与》，《理论探讨》2015年第5期。

⑦ 刘莉、焦琰：《利益分析视角下解构与衡平环境利益的思索——以邻避冲突中的利益失衡分析为例》，《西安财经学院学报》2016年第1期。

⑧ 管在高：《邻避型群体性事件产生的原因及预防对策》，《管理学刊》2010年第6期。

⑨ 张乐、童星：《价值、理性与权力："邻避式抗争"的实践逻辑——基于一个核电站备选厂址的案例分析》，《上海行政学院学报》2014年第1期。

⑩ 王佃利等：《邻避困境：城市治理的挑战与转型》，北京大学出版社2007年版，第227—228页。

续表

侧重点	概念	含义
后果	邻避困境	"一建就闹，一闹就停"一方面让涉事企业和民众利益受损，另一方面极大损害了政府的公信力①
全过程	邻避现象	公众为防止环境负外部性转嫁而驱离邻避设施的经济行为②
	邻避效应	民众对具有邻避性质的工程项目产生抵触情绪而发起的集体反对行为③

资料来源：笔者自制。

相较于国外研究对公共设施的聚焦而言，国内邻避研究的兴起在很大程度上源自带有风险性的商业项目，后者实质上也成为国内邻避研究的重要对象，而且国内研究中的"邻避"概念也更加纷繁复杂。但总的来说，在邻避现象的内涵特征上，国内外研究存在一些基本共识。邻避现象所涉及的设施"一是具有某种满足社会需求的功能；二是具有直接或潜在的污染性和危险性；三是受到居民的反对和抵制"。④

（二）邻避现象的类型划分

对邻避现象的类型学研究，主要从引发邻避现象的设施类型展开。不同类型的邻避设施，其对周边居民所产生的负面影响往往有着不同的表现形式和影响程度。

奥黑尔（O'Hare）最早对邻避现象的描述就内在地包含着邻避现象的类型学划分，根据设施负面影响的呈现形式主要分为四类：带来噪声污染的"嘈杂的"设施，如机场；带来空气污染的"难闻的"设施，如固废回收处置设施；带来负面视觉冲击的"丑陋的"设施，如炼油厂；带来心理恐慌的"可怕的"设施，如监狱以及其他造成邻里不愉快的设施。⑤ 在此基础上，有研究根据设施的面向，将邻避设施总体上划分为废

---

① 阳平坚：《新常态下中国式邻避困境的解决思路》，《社会治理》2015年第4期。

② 赵志勇、朱礼华：《环境邻避的经济学分析》，《社会科学》2013年第10期。

③ 彭小兵：《环境群体性事件的治理——借力社会组织"诉求—承接"的视角》，《社会科学家》2016年第4期。

④ 李晓晖：《城市邻避性公共设施建设的困境与对策探讨》，《规划师》2009年第12期。

⑤ O'Hare Michael, "Not On My Block You Don't: Facilities Siting and the Strategic Importance of Compensation", *Public Policy*, Vol. 25, March 1977.

弃物处置设施、基础设施、能源设施、工业设施等。① 后来，有研究将邻避设施类型进行了整合，划分为"影响生活质量与财产价值"的设施与"带来潜在环境与健康影响"的设施，前者与土地的开发利用方式相关，具体包括经济适用房、拘留中心、中途之家②、戒毒设施和无家可归者收容所等；后者则与具体行业领域的设施有关，包括废弃物处置设施、某些类型的工业设施、能源设施、交通设施、大型农业作业、废物转运设施等。③ 总的来说，国外研究中所进行的类型划分，主要依据设施所产生的邻避影响表现形式。

国内的类型学研究则主要考虑邻避影响的程度。第一类划分标准是评估邻避设施带来的影响效果，从而根据其影响的轻重程度进行区分。李永展、何纪芳所构建的邻避指数（见表 1-3），吴云清等学者基于邻避效果和居民可接受度提出的分类框架（见表 1-4），反映了学界在这一方面的研究努力。

表 1-3　　　　　　　　基于邻避指数的邻避设施分类

邻避效果	邻避指数	代表性设施
不具邻避效果	0 或接近 0	邻里校区公园、图书馆等
轻度邻避效果	0—18	文教设施、各级学校、车站、公园、医疗与卫生设施、购物中心、邮电设施
中度邻避效果	18—44	疗养院、性病防治中心、智障者之家、高速公路、市场、抽水站、自来水厂等
高度邻避效果	44—100	丧葬设施、垃圾焚化炉、污水处理厂、飞机场、屠宰场、核能发电厂、变电所、加油站

资料来源：李永展、何纪芳：《台北地方生活圈都市服务设施之邻避效果》，《都市与计划》1995 年第 1 期。

---

① Di Masso Tarditti, A, "Towards A New Topology of Social-Environmental Conflicts: Rethinking NIMBY in The Context of Environmental Mobilisations in Catalonia", *ECPR Nicosia Joint Sessions*, 2006.

② "中途之家"指出狱者或住院病人重返社会的过渡教习所。

③ Di Masso Tarditti, A, "Towards A New Topology of Social-Environmental Conflicts: Rethinking NIMBY in The Context of Environmental Mobilisations in Catalonia", *ECPR Nicosia Joint Sessions*, 2006.

表1-4   基于邻避效果和居民可接受度的邻避设施分类

邻避效果	邻近居民的可接受度	功能	设施类型
轻度	易接受	教育、医疗设施	医院、小学、购物中心
中度	不容易接受	福利设施	精神病收容中心、孤儿院、养老院、应急拖车公园
高度	非常抗拒	市政、交通设施	核电设施、风力发电厂、垃圾处理设施、殡仪馆

资料来源：吴云清、翟国方、李莎莎：《邻避设施国内外研究进展》，《人文地理》2012年第6期。

第二类划分标准则通过不同维度构建邻避设施影响的整体性分析框架。陶鹏、童星将"预期损失—不确定性"作为分类标准，"预期损失"反映了邻避影响发生后造成损失的严重性，而"不确定性"则反映了设施负面影响发生的可能性。据此，研究提出了污染类、风险集聚类、心里不悦类、污名化类的经典分类（见图1-1）。

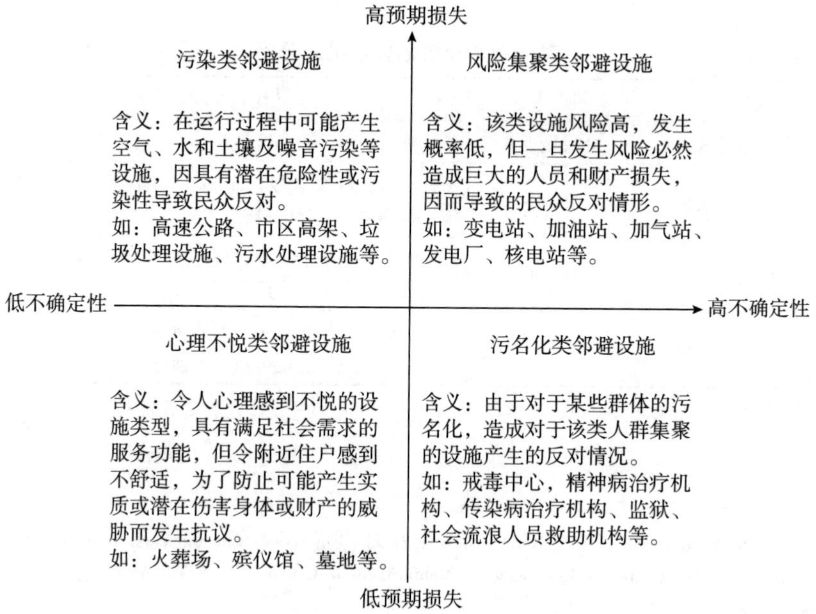

图 1-1　基于"预期损失—不确定性"维度的邻避设施分类

资料来源：陶鹏、童星：《邻避型群体性事件及其治理》，《南京社会科学》2010年第8期。

（三）邻避现象的动机分析

国外邻避研究的"先发"特征，使得理论也经历了长时间的检验和发展，在认识和解释邻避现象方面形成了许多具有影响力的观点和成果。国内"后发"的邻避研究在借鉴既有成果的基础上，基于国内现实情境，呈现自身的理论特质。

1. 从"非理性"到"非自私"：国外邻避研究进展

奥黑尔（O'Hare）早期的研究引导了"邻避"概念最早的理论预设。"设施的选址将风险和成本集中于一小部分人口，而将收益则分散在其余人口中"，① 这是解释邻避现象的起点。"邻避"由此包含了对个人效益的理性计算，成为"那些想要保护自己地盘的居民的动机"，即"社区组织在面对不受欢迎的邻里发展时采取的保护主义态度和反对策略"。② 因此，居民的邻避行为被贴上了"狭隘、短视"的标签，并未考虑对这些设施的抵制是否会将更多人置于风险之下，或者向那些"不值得"这些设施的社区施加风险。③ 邻避主义被谴责为当前在解决紧迫的社会问题上遭到失败的一切原因。④ 从学理上看，邻避概念指向基于经济学的博弈情境或基于心理学的社会困境，即公共产品生产中个人效用最大化引发的搭便车现象与多人囚徒困境。⑤ 可以说，"邻避"一词最早提供了一种诋毁项目反对者的简洁方式，假设个人的住所和设施选址之间的距离是最重要的影响因素，将反对者的动机解释为个人层面的无知、非

① Matheny, Albert, Williams, Bruce, "Knowledge VS. NIMBY: Assessing Florida's Strategy for Siting Hazardous Waste Disposal Facilities", *Policy Studies Journal*. Vol. 14, No. 1, September 2005.

② Michael Dear, "Understanding and Overcoming the NIMBY Syndrome", *Journal of the American Planning Association*, Vol. 58, No. 3, November 2007.

③ Douglas Easterling, "Fair Rules for Siting a High-Level Nuclear Waste Repository", *Journal of Policy Analysis and Management*, Vol. 11, No. 3, December 1992.

④ Robert W. Lake, "Planners' Alchemy Transforming NIMBY to YIMBY: Rethinking NIMBY", *Journal of the American Planning Association*, Vol. 59, No. 1, March 1993.

⑤ Maarten Wolsink, "Wind Power and the NIMBY-Myth: Institutional Capacity and The Limited Significance of Public Support", *Renewable Energy*, Vol. 21, No. 1, September 2000.

理性和自私。[1]

然而，20世纪90年代以来，邻避现象日趋频发，理论关注也日益提升。邻避研究逐渐深入，随之而来的，则是越来越多的研究发现了与早期理论预设相悖的证据。

对既有观点的反思首先指向设施选址决策的实质。有研究尖锐地指出：“邻避设施与其说是社会需要的，不如说是资本需要的，是努力实现劳资关系再生产的国家所需要的；邻避的特征所阻碍的不是社会目标，而是资本的目标。”[2] 而从决策过程上看，邻避设施的选址并非是一个技术理性下的效率最优决策。邻避现象的形成并非因为不充分的环境和技术考虑，而是由于冲突性的决策制定战略，[3] 邻避设施的选址意味着寻找满足环境要求、具备可操作性和可行性的最佳方案，而非传统的最优效率标准。[4]

此外，许多研究通过对地方公众邻避行动的实证研究，重新审视公众反对的内在动机，重塑了反对者的群体画像。一方面，公众立场的差异性和动态化动摇了邻避研究早期对公众所预设的标签。从截面上看，公众具有不同程度的“接受等级”和反对态度差异，[5] 并存在“活跃的反对者”与“沉默的支持者”的立场分化。[6] 从纵向上看，公众的反对立场并非一成不变，而是随着设施运营带来的安全体验而改变。既有邻

---

① Patrick Devine-Wright, "Rethinking NIMBYism: The Role of Place Attachment and Place Identity in Explaining Place-Protective Action", *Journal of Community & Applied Social Psychology*, Vol. 19, No. 6, November 2009.

② Robert W. Lake, "Planners' Alchemy Transforming NIMBY to YIMBY: Rethinking NIMBY", *Journal of the American Planning Association*, Vol. 59, No. 1, March 1993.

③ Richard G. Kuhn, Kevin R. Ballard, "Canadian Innovations in Siting Hazardous Waste Management Facilities", *Environmental Management*, Vol. 22, No. 4, August 1998.

④ Douglas J. Lober, "Resolving the Siting Impasse: Modeling social and Environmental Locational Criteria with a Geographic Information System", *Journal of the American Planning Association*, Vol. 61, No. 4, December 1995.

⑤ Robert David Wilton, "Grounding Hierarchies of Acceptance: The Social Construction of Disability in NIMBY Conflicts", *Urban Geography*, Vol. 21, No. 7, October 2000.

⑥ Carol Mansfield, George Van Houtven, Joel Huber, "The Efficiency of Political Mechanisms for Citing Nuisance Facilities: Are Opponents More Likely to Participate Than Supporters?", *The Journal of Real Estate Finance and Economics*, Vol. 22, No. 2-3, March 2001.

避设施的周边居民，其态度呈现出与假设不一致的低影响感知，[①] 居民的长期态度也会随着设施的投入运营而更加倾向于支持。[②] 另一方面，对多元化反对动机的发现，否定了"自私"与"非理性"的简单标签化。公众感知到风险的途径是多元的，与环境、过程和结果相关的变量等因素相关，而这些很多都不包含在早期的假设之中。[③] 此外有实证研究发现，距离最近的居民并非抗争最为激烈的居民，对安全法规、非环境态度和现有设施的担忧等，都会产生影响。[④] 缺乏协商的封闭信息处理、地方居民获取相关信息的途径和内容倾向等因素都会影响居民的反对态度。[⑤]

2. 基于多重路径的动机解释：国内邻避研究特征

后发的国内研究一开始就在很大程度上剥离了国外研究早期"自私""非理性"的理论假设。尽管"邻避"所隐喻的自利性、观念和政治的倾向以及非理性因素仍旧产生着重要的理论影响，[⑥] 但国内的研究更多地将其置于体制转轨的宏大进程中解释，并由此认为邻避情结"其实是一种居民想要保护自身生活领域，维护生活品质所产生的抗拒心理和行动策略"。[⑦] 进而，国内研究沿着不同的路径，分析邻避现象发生机理。

第一种路径将邻避现象视作"并非自私"的利益维护，从利益博弈的角度分析邻避现象的成因。由于认识和观念上的扭曲或利益结构调整

---

① Susan J. Elliott, "Comparative Analysis of Public Concern Over Solid Waste Incinerators", *Waste Management & Research*, Vol. 16, No. 4, August 1998.

② Allison Zippay, "Neighbors' Perceptions of Community-Based Psychiatric Housing", *Social Service Review*, Vol. 82, No. 3, September 2008.

③ Douglas J. Lober, "Why Not Here?: The Importance of Context, Process, and Outcome on Public Attitudes Toward Siting of Waste Facilities", *Society and Natural Resources*, Vol. 9, No4, July 1996.

④ Tanya O'Garra, Susana Mourato, Peter Pearson, "Investigating Attitudes to Hydrogen Refuelling Facilities and The Social Cost to Local Residents", *Energy Policy*, June 2008.

⑤ Lois M Takahashi, "Information and Attitudes Toward Mental Health Care Facilities: Implications for Addressing the NIMBY Syndrome", *Journal of Planning Education and Research*, Vol. 17, No. 2, December 1997.

⑥ 邱昌泰：《从"邻避情结"到"迎臂效应"——台湾环保抗争的问题与出路》，《政治科学论丛》2002 年第 17 期。

⑦ 陶鹏、童星：《邻避型群体性事件及其治理》，《南京社会科学》2010 年第 8 期。

不到位，邻避设施所带来的边际收益和边际成本在地方居民和全社会之间存在偏离，[①] 引发了政府、邻避设施及其建设方、周边居民三者之间的利益博弈。[②] 沿着这一逻辑进行的研究将地方政府和居民之间的信息不对称视作分歧的根源，博弈在这一情境基础上展开。[③] 同时，由此展开的博弈，在事件的不同阶段[④]以及多元主体不同的行动方式组合之下，[⑤] 在影响变量、博弈情境、策略选择等方面都呈现出差异化的演化博弈态势，邻避困境就源自博弈过程中"囚徒困境"的出现。

第二种路径将邻避现象视作"具有合理性的"风险感知与表达，从多元主体认知分歧形成与扩大的角度解释邻避现象的成因。基于对"风险社会"特征的研判，邻避设施所带来的负面影响被视作一种"风险"，对其的评价从"成本—收益"之比转向"收益—风险"之比。[⑥] 对"风险"的认知更强调其主观建构性，"认知主体根据自身的知识结构、生活经历、利害关系、风险距离、风险性质、风险态度、风险偏好、风险倾向等建构风险"，[⑦] 而风险信息的传播引发了公众从"不怕"到"我怕"的认知重构，成为邻避设施的风险人群。[⑧] 在风险认知偏差的基础上，决策的制度性缺陷最终导致风险的升级，诸如设施建设规划中的技术理性的思维与制度设计、[⑨] 决策过程中的封闭性，[⑩] 是风险感知偏差的根源，而地方政府同当地民众的沟通以及当地民众对地方政府的信任水平则决

① 金通：《垃圾处理产业中的邻避现象探析》，《当代财经》2007 年第 5 期。

② 张向和、彭绪亚：《基于邻避效应的垃圾处理场选址博弈研究》，《统计与决策》2010 年第 20 期。

③ 夏志强、罗书川：《分歧与演化：邻避冲突的博弈分析》，《新视野》2015 年第 5 期。

④ 朱阳光等：《基于博弈视角的邻避效应利益冲突分析》，《现代城市研究》2018 年第 4 期。

⑤ 晏永刚等：《污染型邻避设施规划中公众参与行为的演化博弈分析》，《城市发展研究》2017 年第 2 期。

⑥ 童星：《对重大政策项目开展社会稳定风险评估》，《探索与争鸣》2011 年第 2 期。

⑦ 闫坤如、龙翔编著：《工程伦理学》，华南理工大学出版社 2016 年版，第 68 页。

⑧ 何艳玲、陈晓运：《从"不怕"到"我怕"："一般人群"在邻避冲突中如何形成抗争动机》，《学术研究》2012 年第 5 期。

⑨ 郑卫：《邻避设施规划之困境——上海磁悬浮事件的个案分析》，《城市规划》2011 年第 2 期。

⑩ 杨志军、梁陞：《风险感知偏差视角下城市邻避抗争的运行机理与治理之道》，《河南师范大学学报》（哲学社会科学版）2018 年第 4 期。

定了邻避冲突是否进一步演变。①

第三种路径将邻避现象视作由"社会发展"客观增进的公众动员而引发的一项社会运动，因而更加注重于解构邻避现象升级演化的过程及其动员机理。这一视角下，研究首先从整体上解构并描述了邻避现象以情结②、设施③等为起点向冲突逐渐升级演进的逻辑链条。进而，随着邻避已逐渐从社会抗争的范畴升级到具备社会运动的基本特征，④ 动员如何实现就成为研究关注的问题。关于动员的研究重点在于"舆论"，考察现代信息技术形式如何在邻避效应向群体性事件转化中发挥关键作用。⑤ 从认知上，现代信息传播推动了科技的"污名化"，并从个体认知向群体认知转化；⑥ 从行动上，移动社交媒体推动反对者的"自我救赎""自我动员"与"随时在场"，成为影响邻避行动的决定性变量。⑦

（四）邻避现象的治理考量

1. 从"动机补偿"到"政策发展"：国外邻避现象的治理定位

国外早期的邻避研究，建立在个体经济理性的"收益—损失"分析基础上，强调通过经济补偿以换取居民的支持。有学者对居民获益与选址焦虑的关系进行了研究，提供了一定程度的支持性论据。⑧ 但更多的研究试图反思经济补偿策略的有效性。有研究指出，"没有找到关于 NIMBY

---

① 朱正威、王琼、吴佳：《邻避冲突的产生与演变逻辑探析——基于对 A 煤矿设施当地民众的实证调查》，《南京社会科学》2017 年第 3 期。

② 侯光辉、王元地：《邻避危机何以愈演愈烈——一个整合性归因模型》，《公共管理学报》2014 年第 3 期。

③ 王佃利、王玉龙、于棋：《从"邻避管控"到"邻避治理"：中国邻避问题治理路径转型》，《中国行政管理》2017 年第 5 期。

④ 陈晓运：《争取科技公民权：为什么邻避从抗争转向社会运动——以中国城市反焚事件（2009—2013 年）为例》，《甘肃行政学院学报》2017 年第 6 期。

⑤ 彭小兵、谢虹：《应对信息洪流：邻避效应向环境群体性事件转化的机理及治理》，《情报科学》2017 年第 2 期。

⑥ 汤景泰、星辰：《技术污名化的传播机制：基于系列邻避事件的分析》，《现代传播》（中国传媒大学学报）2018 年第 2 期。

⑦ 何志武、吴丹：《从"他助"到"自助"："心理不悦类""邻避"冲突事件中的媒介选择、自我动员与集体抗争》，《新闻大学》2017 年第 4 期。

⑧ Robert D. Benford, Helen A. Moore, J. Allen Williams Jr., "In Whose Backyard?: Concern About Siting a Nuclear Waste Facility", *Sociological Inquiry*, Vol. 63, No. 1, January 1993.

标签组成部分的证据，例如对财产价值和美学的关注，而是发现反对主要与政府信任，对健康后果的恐惧以及其他意识形态或人口因素有关"。① 更多的研究指出补偿不必然换来支持，公众的反对并不完全来自个人损失。有研究提出，当邻避设施的选址涉及共同的财产资源时，集体利益和社区关注可能提供比个人利益更强的持续动机。② 从个体层面上，认可设施合理性的"容忍"因素和恐惧设施后果的"规避"因素因人而异，这使得人们对补偿策略有着不同的接受程度。③ 一项更具影响力的研究提出，给予补偿的动机更为重要，倘若补偿被管理者视作给那些"在不承认整个社会需求的情况下捍卫自己后院"之人的"甜枣"，后者会因被贴上负面标签而感到被冒犯。④ 因此，单纯的经济补偿未必能够投居民之所好，甚至在一定情境下会适得其反，加剧反对行为。这表明，补偿在理论上或许逻辑自洽，但单纯的经济补偿在实践中不一定有效，化解邻避现象意味着寻求超越经济补偿的多元化补偿方案。

进入 21 世纪以来，邻避研究的对象更多集中在清洁能源、可再生能源以及地方性的居民健康设施等增进地方可持续发展能力的政策项目，在研究路径上更多地以"邻避"提供的分析工具为基础，回归具体的行业情境中，探讨如何通过邻避现象的治理，推进致力于地方发展的公共决策。一方面，研究关注于如何应对发展型政策面临的地方不满。例如，以新能源设施等项目建设为代表的政策，在抽象层面获得的原则性支持与具体建设面临的地方反对的矛盾。⑤ 在此基础上，相关研究分析新能源

---

① Susan Hunter, Kevin M. Leyden, "Beyond NIMBY: Explaining Opposition to Hazardous Waste Facilities", *Policy Studies Journal*, Vol. 23, No. 4, December 1995.

② Toddi A. Steelman, Joann Carmin, "Common Property, Collective Interests, and Community Opposition to Locally Unwanted Land Uses", *Society and Natural Resources*, Vol. 11, No. 5, July 1998.

③ Peter Andrew Groothuis, Gail Miller, "Locating Hazardous Waste Facilities: The Influence of NIMBY Beliefs", *American Journal of Economics and Sociology*, Vol. 53, No. 3, July 1994.

④ Maarten Wolsink, "Entanglement of Interests and Motives: Assumptions Behind The NIMBY-Theory on Facility Siting", *Urban Studies*, Vol. 31, No. 6, June 1994.

⑤ John Barry, Geraint Ellis, and Clive Robinson, "Cool Rationalities and Hot Air: A Rhetorical Approach to Understanding Debates on Renewable Energy", *Global Environmental Politics*, Vol. 8, No. 2, May 2008.

建设等转型发展政策的推进障碍及其克服。① 如基于话语建构，强调可再生能源政策应关注于"技术""地方"或"地点"等概念所表达和象征的内容。② 基于决策视角的分析，则认为新能源的政策困境与技术本身关系不大，依赖于平等协商的冲突解决和"上游"公众参与等决策程序的优化。③ 另一方面，作为"回应地方抗议"的一体两面，研究同时关注于新能源转型等发展政策如何获取公众支持。从技术性角度开展的研究探讨了将邻避设施空间效益与社会接受数据相结合的地理空间分析技术，从技术层面设计出超越"技术理性"的最优选址策略。④ 从政策性角度开展的研究提供了政策建构的策略，认为用激发相关社会价值而非作为环境问题的框架去建构可再生能源政策，可能获取更高的公众支持。⑤ 从程序性角度所开展的研究提供了决策过程的优化策略，即发挥合作治理和有效知识整合的协同效应，尤其应关注于地方管理者作为协作发起者的潜力及其角色。⑥

2. 基于多重路径的策略交织：国内邻避现象的治理讨论

有别于国外研究，国内邻避研究沿着对邻避动机的多重分析，探讨治理策略。

---

① Christopher R. Jones, J. Richard Eiser, "Identifying Predictors of Attitudes Towards Local On-shore Wind Development with Reference to An English Case Study", *Energy Policy*, Vol. 37, No. 11, November 2009.

② C. Mclachlan, "'You Don't Do a Chemistry Experiment in Your Best China': Symbolic Interpretations of Place and Technology in A Wave Energy Case", *Energy Policy*, Vol. 37, No. 12, December 2009.

③ John Barry, Geraint Ellis, and Clive Robinson, "Cool Rationalities and Hot Air: A Rhetorical Approach to Understanding Debates on Renewable Energy", *Global Environmental Politics*, Vol. 8, No. 2, May 2008.

④ Justin Brewer, Daniel P. Ames, David Solan, Randy Lee, Juliet E. Carlisle, "Using GIS Analytics and Social Preference Data to Evaluate Utility-Scale Solar Power Site Suitability", *Renewable Energy*, Vol. 81, September 2015.

⑤ Shawn Olson Hazboun, Richard Krannich, Peter G. Robertson, "Public Views on Renewable Energy in The Rocky Mountain Region of The United States: Distinct Attitudes, Exposure, And Other Key Predictors of Wind Energy", *Energy Research & Social Science*, Vol. 21, No. 10, November 2016.

⑥ Yi Sun, "Facilitating Generation of Local Knowledge Using a Collaborative Initiator: A NIMBY Case in Guangzhou, China", *Habitat International*, Vol. 46, April 2015.

围绕利益关系而展开的博弈分析,将邻避治理指向优化博弈过程中政府—企业—公众三方的收益成本函数。① 环境补偿被视为重要的治理策略,② 但更重要的问题是如何补偿。在这一方面,国内研究得出了同国外相似的结论。研究表明,补偿策略受设施类型、人口分布、补偿方案等因素影响并非一成不变,③ 同时大量"零受偿意愿"的存在表明经济补偿也并不总是奏效。④ 从而,基于博弈逻辑的补偿策略设计意味着合理的经济性补偿与社会心理性补偿相结合,⑤ 对前者的研究主张从"补偿金"转向秉持自主性理念的"回馈金",⑥ 注重公共物品的提供而非简单的货币补偿;⑦ 对后者的研究则强调对环境补偿辅以相关公共政策来实现社会目标。⑧ 由此,研究视线逐渐拓展至相关政策与制度设计。

基于多元主体认知分歧的分析,将邻避现象的治理指向构建具有回应性、参与性的决策与信息沟通机制。在规划层面,优化传统技术理性的规划方式,如构建回应复杂社会风险的"适应性环境影响评价",⑨ 重视规划中的公众参与并将其置于前置环节之中。⑩ 而在决策制度优化上,则主张通过合作博弈、完善补偿、风险沟通和协商对话式公民参与策略

---

① 赵志勇、朱礼华:《环境邻避的经济学分析》,《社会科学》2013 年第 10 期。

② 方成贤等:《垃圾焚烧厂的环境补偿机制探讨》,《环境工程》2009 年第 S1 期。

③ 刘小峰:《邻避设施的选址与环境补偿研究》,《中国人口·资源与环境》2013 年第 12 期。

④ 周丽旋等:《垃圾焚烧设施公众"邻避"态度调查与支付意愿测算》,《环境科学与管理》2012 年第 10 期。

⑤ 汤汇浩:《邻避效应:公益性项目的补偿机制与公民参与》,《中国行政管理》2011 年第 7 期。

⑥ 王奎明、张贤桦:《邻避设施回馈金制度:重塑政府公信力的路径借鉴——来自台湾的经验》,《台湾研究集刊》2018 年第 1 期。

⑦ 黄峥:《金钱、公园还是养老保障:邻避设施的补偿效应研究》,《中国行政管理》2017 年第 10 期。

⑧ 钱坤、黄忠全、刘小峰:《基于演化博弈视角的邻避设施环境补偿机理》,《系统工程》2017 年第 3 期。

⑨ 刘小峰、吴孝灵:《邻避项目的适应性环境影响评价模式研究》,《中国行政管理》2018 年第 8 期。

⑩ 王顺、包存宽:《城市邻避设施规划决策的公众参与研究——基于参与兴趣、介入时机和行动尺度的分析》,《城市发展研究》2015 年第 7 期。

等路径，[①] 弥合认知分歧以化解冲突。

将邻避现象视作一项具有明确议题指向的社会运动来考察其演化过程的分析，则认为应在邻避现象演化升级的不同阶段予以引导和控制。一方面，邻避治理应关注于发挥舆论的积极作用，把握住舆情传播的不同阶段作为弱化邻避风险的关键节点，[②] 并将基于沟通、透明的舆情应对与法治化、程序化的治理机制建设相结合。[③] 另一方面，邻避治理在于引导邻避冲突中的群体行动，考察中产阶层[④]或抗争联盟内多元化抗议者[⑤]在行动方式、动员形式等方面的分化及其影响，进而在治理层面，增进社会资本，[⑥] 推动社区营造，[⑦] 推进群体的利益整合。

二 城市问题的空间叙事

长期以来，"空间"都是作为城市问题发生的场域和背景，"从某些方面来看，20 世纪社会理论的历史也就是时间和空间观念奇怪的缺失的历史……这种学术上的忽略在空间观念上比在时间观念上体现得更为明显"。[⑧] 直到 20 世纪中叶，"空间生产"理论提出并引发了社会研究中的"空间转向"，空间不再简单地被视作问题发生的场域和背景，而是成为引发问题的原因本身。近年来，这一理论观点逐渐被越来越多的学者用以解释城市的转型发展过程和治理挑战，提供了对国内城市治理问题新的分析视野。

---

① 马奔、王昕程、卢慧梅：《当代中国邻避冲突治理的策略选择——基于对几起典型邻避冲突案例的分析》，《山东大学学报》（哲学社会科学版）2014 年第 3 期。

② 辛方坤：《基于风险社会放大框架理论的邻避舆情传播》，《情报杂志》2018 年第 3 期。

③ 闫曼悦：《网络时代邻避事件的政府治理困境与应对》，《江西社会科学》2017 年第 4 期。

④ 王刚、宋锴业：《基于邻避运动视域的中产阶层功能重新审视——以 R 市的"核邻避运动"为例》，《河海大学学报》（哲学社会科学版）2017 年第 4 期。

⑤ 郑旭涛：《无组织的邻避抗争联盟与抗争共振效应》，《甘肃行政学院学报》2018 年第 6 期。

⑥ 张广文：《社会资本视阈下邻避冲突治理路径研究》，《首都师范大学学报》（社会科学版）2017 年第 4 期。

⑦ 杨雪锋、李爽、熊孟清：《基于社区营造视角的环境邻避效应治理对策初探》，《南京工业大学学报》（社会科学版）2018 年第 5 期。

⑧ J. 厄里：《关于时间和空间的社会学》，载［英］布赖恩·特纳编《社会理论指南（第 2 版）》，李康译，上海人民出版社 2003 年版，第 504—536 页。

（一）城市的空间生产

空间生产理论首先揭示了空间所具有的社会属性。一方面，空间和社会关系之间本身具有超越"客观容器"的内在联系；另一方面，空间生产本身在很大程度上呈现出主观建构性的特征。

1. 空间与社会关系之间的内在联系

空间生产理论不再将空间简单地视作社会关系的"客观容器"。列斐伏尔（Henri Lefebvre）系统考察了以往在数学和哲学意义上的"纯粹空间"、作为社会产品的"功能性"空间、作为政治工具的"功能性—工具性"空间等主要的认识后指出，纯粹空间使人们对空间形成了一种柏拉图式的造物主理念，空间也不仅是反映产品和物品占有的一般性场所，或一种单纯的中介、手段和工具。空间实质上和社会的生产关系的再生产联系在一起，既是抽象的又是具体的，既是均质性的又是断离的。[①] 空间涉及社会关系的生产和某些关系的再生产，"空间里弥漫着社会关系；它不仅被社会关系支持，也生产社会关系和被社会关系所生产"[②]，由此空间生产就从"空间中的生产"转向了"空间本身的生产"。

在此基础上，相关研究不断推向深入，卡斯特尔（Manuel Castells）进一步支持城市空间的社会属性分析，认为"空间是一种物质产物，与其他的因素相联系，例如人，而人自己又进入各种特定的社会关系，这给空间（并给这一结合体的其他因素）带来一种形式、一种功能、一种社会意指"，因此"空间并不是一种'社会反映'，它就是社会……通过人类的行为被创造出来"。[③] 肖特（John Rennie Short）则提出，城市的空间形态越来越成为权力的象征和符号，体现了基于空间而形成的社会秩序，空间内公共资源的分配"巧妙暗示着人们在这个社会经济等级体系

---

① ［法］亨利·列斐伏尔：《空间与政治（第二版）》，李春译，上海人民出版社 2015 年版，第 21—27 页。

② ［法］亨利·列斐伏尔：《空间：社会产物与使用价值》，载包亚明主编《现代性与空间的生产》，上海教育出版社 2003 年版，第 47—58 页。

③ 周立斌、王希艳、朱怡蓉等编著：《空间政治经济学：区域经济学研究的一个批判视角》，经济科学出版社 2014 年版，第 45—47 页。

中的所处位置"①。

2. 空间概念的建构性

哈维（David Harvey）从人文地理学的角度对空间所具有的社会属性给予了进一步解释，认为空间和时间的概念都是一种社会构造物。其一，时空概念的基础是物质世界中各种时空属性的发现，同时，随着人类社会的发展，人们不断突破已有的时间和空间概念。其二，时空概念的形成依赖文化的、比喻的和知识的技能。其三，时间和空间概念尽管是主观构造出的，但往往提供了一种日常生活的客观事实和需要社会成员普遍遵守的标准。其四，时间和空间的社会定义扎根于社会再生产的过程之中，社会根据建构出的时空概念，有组织地、有序地安排其等级、性别角色和劳动分工，从而使得社会关系内在化。②

空间概念的建构性同时意味着，不同群体之间所建构的空间概念存在差异，进而隐喻了冲突。列斐伏尔（Henri Lefebvre）提出"空间三元辩证法"，认为空间生产由"空间实践""空间的表征"与"表征的空间"三个环节构成，"空间的表征"表明了城市管理者、建设者、规划者等群体对城市的认识，而"表征的空间"则反映了公众日常的生活体验和艺术家的想象。③ 此外，不同群体由于民族认同、宗教、信仰、性别等方面的差异，导致对于"城市权"的基本原则缺乏共识，都在定义"我的城市"而非"我们的城市"，从而导致冲突。④ 这一分析在超越城市尺度的分析中也同样具有解释力。如有研究认为，国家地域不仅仅是物理的，而是一种社会性的建构，不同的观念和理解之间就存在冲突的风险，空间冲突形成的关键就在于不同的行动者是如何构建了自己对国家地域

---

① ［英］约翰·伦尼·肖特：《城市秩序：城市、文化与权力导论》，郑娟、梁捷译，上海人民出版社 2015 年版，第 453 页。

② ［美］戴维·哈维：《正义、自然和差异地理学》，胡大平译，上海人民出版社 2015 年版，第 238—240 页。

③ Henri Lefebvre, *The Production of Space*, Translated by Donald Nicholson - Smith, Oxford: Blackwell, 1991, pp. 38-39.

④ Gillad Rosen, Anne B. Shlay, "Whose Right to Jerusalem?", *International Journal of Urban and Regional Research*, Vol. 38, No. 3, February 2014.

的空间想象。①

（二）城市空间冲突风险的形成与治理路径

"空间的生产"这一概念在其社会关系特征和建构性特征上，都内在地暗含着分化、对立和冲突，外化为各种形式的城市问题。进而，一个重要的问题就在于，是什么力量引发了这种分化、对立与冲突。对空间治理的研究也据此展开。

1. 空间生产中的资本运作：城市空间冲突的成因解释

作为空间生产理论的提出者，列斐伏尔（Henri Lefebvre）梳理并考察了西方社会变革下空间发展的历史，认为从奴隶制社会到封建社会再到资本主义社会，城市从绝对空间转变为神圣空间，进而在资本主义社会生产出了抽象空间。但事实上，抽象的空间并不能完全消除差异，相反抽象空间本身蕴含着差异，"同质性"和"差异性"之间的内在张力就成为空间冲突形成的基本逻辑。哈维（David Harvey）指出，资本主义的发展过程，实际上是向人们强加一种时间和空间的概念，从而将不同地方的人们纳入暗含在工业组织中的时空秩序网络，但由于"个体的时间和空间并不自动地与占统治地位的公共意义相一致"，因此时空观点上的阶级、性别、文化、宗教和政治差别常常成为社会冲突的舞台。②

空间生产中资本运作所带来的同质性与差异性的矛盾，在城市发展情境中具体表现为城市空间的利用与公众的生活方式。实际上，柯布西耶（Le Corbusier）同雅各布斯（Jane Jacobs）关于城市的争论就反映了这一矛盾。柯布西耶的"光辉城市"理念，主张地理上泾渭分明、类型上单一分区、功能上整体互补的城市空间布局，人们在其中的日常活动呈现出高度的集体性、规律性、一致性和工具性。这种几何主义和机械主义的美感，实际上就是试图用同质化的空间安排以消弭差异性的个人

---

① M. Purcell, "A Place for The Copts: Imagined Territory and Spatial Conflict in Egypt", *Ecumene*, Vol. 5, No. 4, October 1998.

② ［美］戴维·哈维：《正义、自然和差异地理学》，胡大平译，上海人民出版社 2015 年版，第 238—240 页。

生活。雅各布斯则批判同质化所营造出的"空荡、明显的秩序和静谧感"，① 提出增强街道空间对于差异化生活的包容，从而将城市生活转变为"每个舞蹈演员在整体中都表现出自己的独特风格，但又相互映衬，组成一个秩序井然，相互和谐的整体"的"复杂的芭蕾"。② 布赖恩·贝利（Brian J. L. Berry）将这种通过城市社会流动中的自我安排、整合所形成的"差异"和"同质"的平衡状态，称为城市生活中的"马赛克文化"。③

城市空间的利用实际指向城市空间的"交换价值"和"使用价值"。罗根（John R. Logan）和莫罗奇（Harvey Molotch）发现了由城市政府和开发商为核心形成的"城市增长联盟"，认为其在追求财政收入和经济利润的动机下，合作推动以实现城市增长为目的的空间开发，地方公众则要承担发展的代价。④ 城市开发中空间"使用价值"与"交换价值"的论述，将城市中的群体间对立阐释为一种空间冲突，前者可以在一种讨价还价的政治机制中得到调整，但后者上升到一个更宏观的城市空间尺度，超越了传统上基于利益分配讨价还价的政治机制。⑤

2. "改良"还是"激进"：空间冲突的治理路径讨论

对于空间治理路径的研究，主要存在改良式与激进式两种主要观点。

空间治理的改良式路径主张，在既有制度安排下对城市空间生产中的"非正义"现象进行渐进式的改进与优化。城市问题被视作城市空间生产中"非正义"的表现，包括"空间性的非正义"（Spatiality of Injustice）以及"非正义的空间性"（Injustice of Spatiality）⑥，前者主要表现为

---

① ［加］简·雅各布斯：《美国大城市的死与生（纪念版）》，金衡山译，译林出版社2006年版，第32页。

② ［加］简·雅各布斯：《美国大城市的死与生（纪念版）》，金衡山译，译林出版社2006年版，第43页。

③ ［美］布赖恩·贝利：《比较城市化》，顾朝林等译，商务印书馆2010年版，第55页。

④ ［美］约翰·R. 洛根、哈维·L. 莫洛奇：《都市财富：空间的政治经济学》，陈那波等译，格致出版社、上海人民出版社2016年版。

⑤ Kathleen A. Kemp, "Race, Ethnicity, Class and Urban Spatial Conflict: Chicago as a Crucial Test Case", *Urban Studies*, Vol. 23, No. 3, June 1986.

⑥ Mustafa Dikeç, "Justice and the Spatial Imagination", *Environment and Planning A*, Vol. 33, No. 10, October 2001.

公共服务不平等分布、空间歧视、环境非正义、种族隔离等现象，后者则表现为城市发展中对公众权利和规范性价值的忽视。① 福柯（Michel Foucault）将空间冲突的治理视作一种对非正义现象进行改进与相对平衡的"安全配置"治理技艺："……不是严格限定哪些是禁止的或严格要求哪些是必须的，而是退后到足够的距离，在这个点上，将产生一些东西，合乎愿望的或者不遂人意……"② 费恩斯坦（Susan S. Fainstein）认为，空间治理意味着增进城市平等、民主、多元性等价值特征，尽管这些价值特征在不同的情境下有着差异性的表现，但在原则上仍存在适用于增进这些价值的普遍准则，因此探讨在既有制度框架下增进城市平等、民主和多元性的可行原则。③

激进式的空间治理路径强调以激烈式的抗争乃至革命来争取公众的城市权利。卡斯特尔（Manuel Castells）认为，城市集体消费品的生产和消费是城市发展最重要的推动力量，而这一过程中，"消费空间生产过程中的基本矛盾，就是剥削空间以谋取利润的资本要求与消费空间的人的社会需要之间的矛盾"④。在列斐伏尔看来，城市权利"就像是一种呐喊和一种需求"，⑤ 只有激烈的抗争行动才能表达这种呐喊和需求，"哭诉只有在一定程度上才可以听到，需求在一定程度上才产生力量，其程度是从这个空间听到哭诉和需求，在这个空间内看到哭诉和需求"。⑥ 哈维（David Harvey）认为，城市权利实际上是公众对城市化过程——资本主导的城市空间生产过程——所施加的控制，"城市权利远远超过获得城市

① ［美］爱德华·W. 苏贾：《寻求空间正义》，高春花、强乃社等译，社会科学文献出版社 2016 年版，第 19 页。

② ［法］米歇尔·福柯：《安全、领土与人口》，钱翰、陈晓径译，上海人民出版社 2010 年版，第 35—38 页。

③ 苏珊·S. 费恩斯坦：《正义城市》，武烜译，社会科学文献出版社 2016 年版，第 153 页。

④ 张应祥、蔡禾：《新马克思主义城市理论述评》，《学术研究》2006 年第 3 期。

⑤ Henri Lefebvre, *Writings on Cities*, Selected, Translated and Introduced by Eleonore Kofman and Elizabeth Lebas, Oxford: Blackwell, 1996, p. 158.

⑥ ［美］大卫·哈维、卡兹·波特：《正义之城的权利》，载［美］彼得·马库塞等主编《寻找正义之城：城市理论和实践中的辩论》，贾荣香译，社会科学文献出版社 2016 年版，第 51—65 页。

资源的个人的或群体的权利，是一种按照我们的期望改变和改造城市的权利"。①

（三）中国城市转型发展中的空间治理挑战

随着空间生产理论引入国内，城市的发展和转型被视作是对城市中的特定空间形态和空间秩序进行的重塑。在此基础上，国内学者主要在两个方面研究当前城市中的空间治理挑战。

1. 城市空间资源配置与社会关系

空间的资源特征往往同空间的经济意义联系起来，即"强调资源在城乡和地区之间的有效配置对于发展中大国实现现代经济增长的意义"。② 城市的空间要素包含了公共设施、基础设施、土地及活动等，各种元素的组合并非均衡地分布在城市空间中，因此形成了地区的差异及地区不同的供需行为。③ 理想中，城市空间应当表现为一种均衡的资源配置状态，实际上是包含经济、社会、生态发展等多因素在内的区域之间综合发展状态的平衡，既包括特定地理空间在一组变量影响下区域之间均衡关系，也涉及要素供给、生产、市场区以及基础条件配置上的供求关系在相关联的区域空间上相对合理状态。④ 但现实中，受空间资源特质、分布、利用等特征以及供需关系等因素影响，资源在区域、群体间分布不均衡导致的空间分异，反映了"不同阶层的社会群体对城市空间资源和社会资源的占有状况"。⑤

2. 城市发展中的空间权利

城市权利因其对资本城市化的空间批判，以及对城市居民居住交往、财产处置、日常生活等权利的关怀，受到了中国学者的关注，为分析和

---

① ［美］戴维·哈维：《叛逆的城市：从城市权利到城市革命》，叶齐茂、倪晓晖译，商务印书馆 2014 年版，第 4 页。

② 陆铭：《空间的力量：地理、政治与城市发展》，格致出版社 2017 年版，第 2 页。

③ 王丽娟：《城市公共服务设施的空间公平研究——以重庆市主城区为例》，云南大学出版社 2016 年版，第 49 页。

④ 白国强：《城市化的选择：城乡空间均衡及其实现》，广东人民出版社 2013 年版，第 11 页。

⑤ 吴晓、王慧等：《我国大城市流动人口就业空间解析：面向农民工的实证研究》，东南大学出版社 2015 年版，第 17 页。

解释中国快速城镇化进程中的城市问题、重构城市发展路径提供了重要的理论工具。以人为本的城镇化发展转型进程中，城市权利就是城市中人的权利的实现，包括城市政治权利、城市经济权利和城市社会权利等。① 从历史的视角看，城市权利是一个依托具体历史阶段和实践语境的"有机权利丛"，城市权利的矛盾主要表现在个人权利观同整体权利观的矛盾、权利不平衡的矛盾、阶段性发展重点与共时性整体推进的矛盾、宏观上的顶层建构与微观上的创新推进的矛盾等。② 从法律的角度看，城市权利是"空间意义上对人的主体性的认同"，需要从个体权利的视角建构对城市权利的理解，包括程序权利和实体权利，前者包括参与权、表达权、动议权和救济权；后者则包括居住权（住宅权）、知情权、管理权和请求权，③ 城市空间冲突也由此表现为城市居民个体之间、群体之间权利实现过程中可能带来的对另一方的权利侵害，以及由此所引发的空间争夺，"基本权利的空间冲突是指数个主体的基本权利在空间中的相互对立。也就是说，一个基本权利的实现会侵害到另外一个或一些主体的基本权利"。④

（四）国内城市空间冲突的治理思考

城市空间治理的相关研究主要沿着"空间的治理化"和"治理的空间化"两个维度展开，⑤ 地理单元指向和公共权力指向的流变与融合也成为城市治理理论演变的典型特征。⑥

1. 空间的治理嵌入：优化城市资源配置中多元主体的权力关系

空间治理主张，通过规划对城市资源进行配置的治理活动，需要转变

---

① 姚尚建：《城市权利：解释及分类》，《哈尔滨工业大学学报》（社会科学版）2015 年第 2 期。

② 陈忠：《城市权利：全球视野与中国问题——基于城市哲学与城市批评史的研究视角》，《中国社会科学》2014 年第 1 期。

③ 赵哲：《城市权利及其法律构造》，《苏州大学学报》（哲学社会科学版）2017 年第 3 期。

④ 何明俊：《空间宪政中的城市规划》，东南大学出版社 2013 年版，第 58 页。

⑤ 熊竞等：《从"空间治理"到"区划治理"：理论反思和实践路径》，《城市发展研究》2017 年第 11 期。

⑥ 吴晓林、侯雨佳：《城市治理理论的"双重流变"与融合趋向》，《天津社会科学》2017 年第 1 期。

传统技术型规划漠视多元化的空间价值、简单的规划统筹愿望忽视了现实主体的利益、精英型的规划思维招致多方力量的批评否定等治理困境①，由此指向多元主体在治理体系中的权力结构优化。空间治理就是通过资源配置实现国土空间的有效、公平、可持续利用以及各地区间相对均衡的发展，核心是优化多元主体在利益博弈过程中涉及的空间发展要素。② 土地作为最重要的城市空间要素之一，建设用地的配额制度和土地增值收益的分配机制在空间治理中发挥重要作用。③ 转型阶段的城市发展从增量规划向存量优化转变，其中城市存量建设用地治理的核心是土地产权交易与土地增值收益的分配，围绕此形成多元主体间的权力关系模式。④ 习近平总书记在 2014 年提出"行政区划本身也是一种重要资源，用得好就是推动区域协同发展的更大优势，用不好也可能成为掣肘"的重要论断。⑤ 随后，围绕发挥行政区划作为空间资源、政策资源、权力资源和组织资源结合体的价值，⑥ 优化区划治理等方面，⑦ 相关研究不断推进。

2. 治理的空间嵌入：优化多元主体在治理活动中的行动方式

一是基于"空间"概念解读城市转型中的治理议题。空间的改造早已是地方政府治理手段之一，实践中通常以国家权力和规模资本作为空间支配的主要手段，地方政府通过控制空间的生产来加强基层社会的治理。⑧ 城镇化进程实际上涉及群体的社会融入，面对从原有的乡村差序空

① 张京祥、陈浩：《空间治理：中国城乡规划转型的政治经济学》，《城市规划》2014 年第 11 期。

② 陈易：《转型时代的空间治理变革》，东南大学出版社 2019 年版，第 11、47 页。

③ 刘卫东：《经济地理学与空间治理》，《地理学报》2014 年第 8 期。

④ 郭旭、严雅琦、田莉：《法团主义视角下珠三角存量建设用地治理研究——以广州市番禺区为例》，《国际城市规划》2018 年第 2 期。

⑤ 中共中央文献研究室：《习近平关于社会主义经济建设论述摘编》，中央文献出版社 2017 年版，第 250 页。

⑥ 王开泳、陈田、刘毅：《"行政区划本身也是一种重要资源"的理论创新与应用》，《地理研究》2019 年第 2 期。

⑦ 熊竞等：《从"空间治理"到"区划治理"：理论反思和实践路径》，《城市发展研究》2017 年第 11 期。

⑧ 沈菊生、杨雪锋：《城郊"违建"综合治理机制与空间重构模式——以上海 S 村"拆违"实践为个案》，《学习与实践》2018 年第 6 期。

间向城市社区同质空间的转变，空间治理关键在于通过重构社区整合，打造包容宜居、上下互动的理想化社区差异空间。① 城市更新是推动城市转型的主要方式，但这一过程常存在以公共名义对私人空间进行的侵占和对资本积累的强化，故而空间治理关注于重构包括政府、房产商、本地居民、租客以及其他市民等利益群体间的权利平衡。②

二是利用空间性的政策工具探讨具体城市公共问题的化解之道。治理者在对空间的治理中享有法律法规所赋予的一定程度的自由裁量权，具体就表现为政策工具与政策手段。③ 空间性的政策工具也多被探讨在具体公共问题中的应用情境，例如，在城市公共安全治理领域，以空间治理的理念转变防控理念和防控技术，从防控特殊风险人群转向防控公共安全威胁空间；④ 在针对流动摊贩的社会治理中，以空间划定将非正规经济纳入正规经济，实现城市环境治理与城市群体就业融入相结合；⑤ 以社区层面的空间突破推进社会治理的制度创新，通过社区配套设施的建设、公共服务建设打造社区生活区、社区综合体，实现社区在生活、就业、休闲等方面的空间功能融合。⑥

三是基于城市权利捍卫城市发展价值。城市空间治理的价值导向在于捍卫城市的空间正义。空间正义就是将城市空间的非正义控制在一个安全阈值之内，实现处于理想与现实之间、均质与冲突之间的"流动性差异城市正义"，⑦ 而基于新型城镇化的城市转型发展目标，空间的正义

---

① 孙其昂、杜培培：《城市空间社会学视域下拆迁安置社区的实地研究》，《河海大学学报》（哲学社会科学版）2017 年第 2 期。

② 刘铭秋：《城市更新中的空间冲突及其化解》，《城市发展研究》2017 年第 10 期。

③ 刘景琦：《工业园区产业转型的"拆违"路径——以上虞经济技术开发区为例》，《城市问题》2018 年第 10 期。

④ 单勇：《空间治理：基于犯罪聚集分布的综合治理政策修正》，《社会科学战线》2014 年第 1 期。

⑤ 黄耿志、薛德升：《非正规经济的正规化：广州城市摊贩空间治理模式与效应》，《城市发展研究》2015 年第 3 期。

⑥ 胡苏云、肖黎春：《特大城市社会治理创新：城市功能疏解的视角》，《城市发展研究》2016 年第 12 期。

⑦ 陈忠：《城市正义的差异性问题——自城市哲学与城市批评史的视角》，《东岳论丛》2013 年第 5 期。

是新型城镇化的题中之义，坚持以人的城镇化为核心，以经济、政治、社会、文化、生态"五位一体"为内涵的空间正义价值。① 为此，针对城市空间冲突的治理思考，"既要观照城市自身发展和治理的问题，更要在城市与政治体系双向发展中论证中国城市的权力平衡、空间重建、权利保护和正义供给"。②

三　空间生产视角下的邻避解释

近年来，国内邻避研究逐渐引入空间生产的视角，将邻避现象视作由具有负外部性的城市设施推动的城市邻避空间生产以及其中出现的冲突风险。尽管作为一个新兴的研究趋势，目前在这一领域开展的研究时间尚短，但现有研究已表明，这一视角为分析邻避现象的形成原因、类型划分和治理路径提供了新的解释思路。

（一）空间生产视角下邻避现象的形成

邻避设施的建设被视作一项城市空间生产活动，同样在"空间实践""空间的表征""表征的空间"等环节推进了地方的空间生产过程。③ 这一过程中，邻避现象首先表现为一种认知差异，邻避设施建设反映了资本塑造下的流动空间对地方空间的支配，两类空间的矛盾在邻避设施建设中集中表现为，地方政府和公众在价值、利益、风险等空间认知中的错位以及相应话语表达的矛盾。④

进而，认知差异在权力和资本的运作中被不断放大，成为对地方居民的价值侵入、利益剥夺、风险转移，即政府和开发商主导的"空间的表征"对地方居民"表征的空间"所形成的空间挤压，⑤ 而从公众角度看，挤压带来的是期望和现实的落差而形成的空间剥夺感，这一感知随

① 陆小成：《新型城镇化的空间生产与治理机制——基于空间正义的视角》，《城市发展研究》2016年第9期。

② 姚尚建：《城市政治：正义的供给与权利的捍卫》，北京大学出版社2015年版，第1页。

③ 王佃利、王玉龙：《"空间生产"视角下邻避现象的包容性治理》，《行政论坛》2018年第4期。

④ 李佩菊：《邻避事件的空间认同与话语表达》，《福建论坛》（人文社会科学版）2018年第1期。

⑤ 朱正威、吴佳：《空间挤压与认同重塑：邻避抗争的发生逻辑及治理改善》，《甘肃行政学院学报》2016年第3期。

着表达渠道的失效逐渐累积，并经由群体信念不断强化，最终引发公众空间保护行为。[①]

空间生产视角下的邻避研究，还将认知分歧与空间挤压引向深层次的价值层面，认为冲突的根源在于邻避设施建设中的空间"非正义"现象，用不同的话语方式对此进行描述。如有研究将主要的正义概念同空间生产的环节相联系，将邻避现象解释为空间分配正义和空间过程正义的失衡。[②] 还有研究从设施供给的角度，将邻避现象解释为偏离公共价值的供给目标非正义、缺乏参与和沟通的供给过程非正义、非均衡的负外部性分担的供给工具非正义等方面。[③]

（二）基于空间特征的邻避类型研究

随着"空间"成为融合地理范围和社会关系的概念，"空间"的嵌入同时丰富了邻避现象的类型学研究，将空间差异作为分析设施邻避效应的重要依据，并由此考察邻避现象的具体表现形式。

1. 静态空间观：邻避效应的空间分异

静态空间观将时空节点作为区分邻避设施不同影响表现的主要依据。有研究根据邻避影响的发生相对于设施运营的时间节点，将公众的邻避行为划分为"反应型"和"预防型"，或"事后救济型"和"事前预防型"等，随后的研究在此基础上进一步解释为"污染型"与"风险型"两种类型，以强调不同的时间特征实际上反映了不同性质的影响。[④] 在空间节点上，有研究基于设施的空间利用状态将邻避设施分为两类：完成对地方空间开发利用从而投入运营的"建成运营设施"，以及即将但尚未对地方空间进行开发的"规划立项中的未运行设施"。[⑤] 何纪芳则在研究

---

① 王佃利、刘洋：《空间剥夺感在公众空间保护行为中的作用——基于邻避事件中公众话语的探索性研究》，《理论探讨》2020 年第 1 期。

② 刘晶晶：《空间正义视角下的邻避设施选址困境与出路》，《领导科学》2013 年第 2 期。

③ 杨磊、陈璐、刘海宁：《空间正义视角下的邻避冲突与邻避设施供给要件探析——以武汉某临终关怀医院抗争事件为例》，《华中科技大学学报》（社会科学版）2018 年第 1 期。

④ 华智亚：《风险沟通与风险型环境群体性事件的应对》，《人文杂志》2014 年第 5 期。

⑤ 涂一荣、魏来：《"邻避"研究的概念谱系与理论逻辑——文献梳理和框架建构》，《社会主义研究》2017 年第 2 期。

中根据设施影响的空间范围，将邻避设施划分为"区域性""市际性""全市性""邻里性"四类。①

2. 动态空间观：邻避效应的空间转换

基于动态空间观的邻避研究认为，在城市发展过程中邻避设施影响的范围和程度并非一成不变的，而是随着时空尺度的变化呈现出动态转换的特征。

吴云清等人的研究认为，以邻避设施为风险源中心，其影响辐射范围与公众感知构成了邻避空间。根据设施的体量与扩散方式，邻避空间及其扩散方式可抽象为点状、线状、面状三种不同类型（见表1-5）。邻避空间随城市发展而不断经历"产生—挤压—消亡—再生"的空间演变。②

表 1-5　　　　　城市发展中邻避空间的形态与演变

设施类型	设施体量特征	扩散方式	空间形态	代表性设施
点状邻避设施	邻避设施体量较小，自身的大小与其存在的空间相比可不予考虑	邻近扩散	同心圆状	垃圾中转站、加油站
带状邻避设施	邻避设施分布的宽度与纵长相比可不予考虑	轴向延伸	带型走廊	高架桥、磁悬浮、高速公路、地铁等
面状邻避设施	邻避设施面积较大而变现为面状物	涟漪扩散	斑块状	监狱、殡仪馆、污水处理厂

资料来源：吴云清、翟国方、詹亮亮：《城市邻避空间及其演变轨迹——以南京市殡葬邻避空间为例》，《人文地理》2017 年第 1 期。笔者根据相关资料整理。

王佃利等人的研究认为，邻避现象在城市治理的微观、中观、宏观尺度下，其问题界定、核心焦点、归因与观点回应，呈现出沿着三重问题面向的逻辑转换（见表1-6）。

---

① 转引自陶鹏、童星《邻避型群体性事件及其治理》，《南京社会科学》2010 年第 8 期。

② 吴云清、翟国方、詹亮亮：《城市邻避空间及其演变轨迹——以南京市殡葬邻避空间为例》，《人文地理》2017 年第 1 期。

表 1-6   邻避议题的空间转化

空间层次	问题界定	核心焦点	邻避主要起因	代表性观点
微观	抵触、抗争现象	利益冲突	设施属性、自利心理	冲突管理、民主政治
中观	空间权分立	空间冲突	空间不正义	空间正义、风险治理
宏观	公共价值失灵	价值冲突	公共价值失灵原则	公共价值治理、价值协商

资料来源：王佃利、王铮：《中国邻避治理的三重面向与逻辑转换：一种历时性的全景式分析》，《学术研究》2019 年第 10 期。

（三）空间生产视角下邻避现象的治理

空间生产视角下对邻避治理路径的研究，指向矫正邻避设施空间生产中的"非正义"现象，并围绕空间正义的不同侧重点对治理策略进行探讨。

1. 空间认知中"非正义"现象的矫正

空间生产视角下的邻避治理首先强调空间生产中多元主体的认同重塑，弥合认知差异。从理论上说，认同重塑就是实现"表征的空间"与"空间的表征"的深度融合，在价值理解、利益共容、风险化解的基础上进行空间再造，以化解社会冲突。[1] 具体而言，畅通制度渠道、科学设计并实施决策程序、保障公众充分知情、有效参与，设计多元合理的补偿机制等方式，有助于将邻避矛盾化解在初始状态。[2] 认同重塑本身是一个重塑公共理性的过程，以公意为基础，以社会整合推进私利与公利的均衡，以制度性涉及增强邻避冲突的博弈弹性，由此重塑利己与利他共融的公共理性。[3]

2. 空间过程中"非正义"现象的矫正

纠正邻避设施在其空间生产过程中的程序"非正义"，是空间生产视角下邻避治理的重点。概括地说，现有研究一方面探讨从决策机制上优

---

[1] 朱正威、吴佳：《空间挤压与认同重塑：邻避抗争的发生逻辑及治理改善》，《甘肃行政学院学报》2016 年第 3 期。

[2] 李佩菊：《邻避事件的空间认同与话语表达》，《福建论坛》（人文社会科学版）2018 年第 1 期。

[3] 郝雅立：《邻避冲突中社会公共理性重塑研究》，《领导科学》2017 年第 23 期。

化空间生产过程，"过程的正义往往比内容的正义更为重要，因为不同的过程会产生不同的表达机会与条件，从而带来不同的后果"，① 具体而言，涉及参与公众的利益识别与偏好显示协调机制、决策事项公开与参与机制、风险沟通与利益救济机制等。② 另一方面，现有研究关注于邻避设施空间生产过程中的法律制度供给，主张从转变指导观念、改造治理主体的组织结构、完善城市运行具体程序、建立空间矛盾协调和纠纷解决制度等方面优化城市治理的法律制度③，同时，有研究从法理层面界定城市权利的内涵，认为居民的城市权利首先指向公共物品的公平分配，城市权利实际上是居民借助政府权力联合规制资本力量无序扩张的行动依据。④

3. 空间结果中"非正义"现象的矫正

纠正邻避设施在其空间生产结果上的"非正义"，主要涉及到优化补偿策略。当前研究在这一方面形成的基本共识是实现超越货币补偿的多元化补偿方式。如有研究认为，提供协商式补偿机制，根据公众偏好与协商结果在多元化补偿途径中提供某种或多种方案的组合。⑤ 除此之外，围绕设施本身采取空间性补偿方案也被视作有效的治理方式，如对邻避设施影响的地方空间进行环境改造与生态修复、推进设施从嵌入居民所在空间向嵌入决策者所在空间的"空间置换"，⑥ 向地方公众让渡部分经济利益以回馈地方邻利型公共设施建设、公共服务供给的"环保回馈"等。⑦

---

① 刘晶晶：《空间正义视角下的邻避设施选址困境与出路》，《领导科学》2013 年第 2 期。

② 侯光辉等：《公众参与悖论与空间权博弈——重视邻避冲突背后的权利逻辑》，《吉首大学学报》（社会科学版）2017 年第 1 期。

③ 陈晓勤：《空间正义视角下的城市治理》，《中共福建省委党校学报》2017 年第 10 期。

④ 刘辉：《城市权利的法理解析》，《苏州大学学报》（法学版）2018 年第 3 期。

⑤ 杨磊、陈璐、刘海宁：《空间正义视角下的邻避冲突与邻避设施供给要件探析——以武汉某临终关怀医院抗争事件为例》，《华中科技大学学报》（社会科学版）2018 年第 1 期。

⑥ 王佃利、邢玉立：《空间正义与邻避冲突的化解——基于空间生产理论的视角》，《理论探讨》2016 年第 5 期。

⑦ 樊良树：《环保回馈："邻避行动"化解之道》，《中南林业科技大学学报》（社会科学版）》2013 年第 1 期。

四 研究评价与展望

（一）国内外研究整体上呈现出截然不同的研究进路

在研究议题的理论架构上，国外研究主要关注于概念和理论体系的建构，而国内研究则主要观照于理论框架的演绎与本土化解释。在研究议题的内在关联上，国外研究呈现出"割裂性"的特征，而国内研究则呈现出一定的"联系性"。

1. 理论的建构与本土化演绎

在本研究核心关键词所涉及的"邻避现象"和"空间治理"的相关研究中，国外研究展开较早，并且提出了最基本的概念范畴与理论体系，问题和研究的"先发"特征使国外研究成为基本概念、分析逻辑和理论观点的输出者。而国内问题与研究的"后发"特征，则基于国内的治理情境，对既有概念和理论进行本土化的演绎和解释，以更好地解读中国故事。

国内邻避研究的本土化特征较为明显。这一领域的后发性特征使国内研究一开始就接受了国外对邻避概念反思后的理论成果，"邻避"逐渐成为一种对现象的描述性话语而非对动机的解释体系，在很大程度上剥离了邻避本身"自利性"的道德标签，内在地将参与意识、合理动员等积极因素纳入分析框架中，形成了对邻避现象成因的多重解释路径。在国外研究中，对邻避基本概念假设的反思，使研究者拒绝"邻避"这一概念的解释力，或提出"后邻避"（Post-NIMBY）等概念，通过话语上的明显区别保留了原有邻避概念的核心内涵，也凸显反思后的概念和理论修正。国内研究则不然，对于邻避现象认知视角的扩展及其发生逻辑的丰富，都容纳在"邻避"这一基本的概念之下，因而形成了围绕"邻避"衍生的概念丛林，以及"邻避"概念下多重解释逻辑的共存。

而在空间治理的相关研究中，国内研究接受了西方代表性学者构建的基本概念与理论分析体系，借助这一理论工具识别城市治理问题背后呈现出的空间冲突风险。而基于空间治理回应城市公共问题时，不同研究领域则分别建立起"空间的治理化"与"治理的空间化"两种差异性的研究路径，在对城市空间场域的考察中整合多元研究领域的理论知识。

2. 议题的割裂性与联系性

在国外研究中，邻避现象的研究与空间治理的研究是两个相互独立的研究议题和理论领域，每个议题都有着各自明确的范畴与理论分析体系。而在国内研究中，邻避问题与理论研究的"后发"特征使得"邻避"议题和"空间治理"议题之间，基于本土治理情境，具备了内在联系的理论可能性和理论解释力。

首先，国内研究揭示城市发展的空间生产实质，将城市治理问题引向城市空间生产中的空间冲突风险，既提供了理解城市的新方式，也提供了解释国内城市治理问题的分析框架。进而，"空间冲突"被纳入邻避现象解释的逻辑进路之中，提供了理解现象何以发生的新视角。这一视角内在包含并整合了既有邻避研究的学术立场。

（二）现有研究在解释城市邻避现象中的发展空间

通过考察相关研究的国内外进展，回顾当前国内城市转型中邻避现象的变化趋势及其治理要求，既有研究主要在三个方面仍有待提升。

1. 邻避概念及其理论意蕴有待进一步整合与厘清

概念及其理论范畴作为基本的分析工具，是回应城市邻避现象的基础和起点。但正如目前逐渐开展的反思性研究所指出的，邻避概念在使用中剥离了国外早期研究中的含义，同时带来了"本土化"还是"模糊化"的争论。国外研究中，邻避概念具有"公共设施的建设因其带来的地方负面影响，在空间距离的影响下，导致周边居民自利性的反对与抵制"的严格范畴。而国内邻避研究的起点源自"具有商业项目属性"的设施，"邻避"主要在"具有地方负面影响的设施建设而引发的公众抗争"这一层面上使用，而在日常话语中则更为模糊，乃至出现因拆迁等行政执行引发的居民抗争也被冠以"邻避"之名的现象。[①] 其次，邻避衍生的概念丛林则因各自内涵在一定程度上交叉，有时在未厘清其内涵差

① 胡象明、刘浩然：《邻避概念的多重污名化与工程人文风险框架的构建》，《理论探讨》2020年第1期。

异的情形下被交替使用。最后，有研究考察国内邻避事件发现，决定性因素往往并非是抗议者居住空间与相关设施距离的远近，"邻避"概念难以解释这一特征，主张用"预防性环境抗争"等更有解释力和适用性的概念。① 因此，回应当前城市转型中城市邻避问题，首先意味着从概念中，在现实层面描绘当前邻避问题的发展趋势，在理论层面观照城市发展及其治理的空间转向，在价值层面回应长效治理、可持续发展等治理目标。

2. 冲突所具有的积极功能有待进一步理论观照

正如邻避研究反思所关注的，尽管当前研究承认邻避现象反映了社会力量日益增强的参与意识、动员能力，但邻避现象仍主要因其冲突的破坏性功能而得到关注，探讨如何缓和与化解。而如何通过对邻避现象的治理，将其对于社会结构、社会力量的组织、动员、整合的积极功能用治理予以固化，重塑持续的公共信任，使邻避现象推动维权迈向理性化、制度化，发挥邻避现象的"建设性"功能，② 从而通过邻避现象及其治理，打造城市转型与可持续发展的治理支撑，这一系列问题仍有待邻避研究进一步的理论回应。

3. 空间逻辑对邻避现象的解释潜力有待进一步释放

空间的生产与重塑，是在空间社会属性的解释下，对城市转型与发展的叙事；空间冲突并非城市新出现的特定冲突形态，而是对城市转型发展中的治理问题的一般性解释。当前空间逻辑在邻避问题中的嵌入和解释，在两个方面仍有待深化。一方面，当前邻避研究多将空间理论视作一个新的理论视角，用以拓展邻避现象成因的解释，而空间治理自身联结和回应城市可持续发展的解释潜力有待进一步挖掘。另一方面，对邻避现象的空间解释，从邻避设施建设转向邻避空间生产的分析起点，在此基础上展开的分析脉络，需要不同于传统解释路径的概念和理论分

---

① 郑旭涛：《预防性环境抗争的空间差异：基于多案例的研究》，《南京工业大学学报》（社会科学版）2019年第1期。

② 谭爽、李晖：《"中国式"邻避冲突如何由"破"到"立"？——基于多案例的扎根研究》，《中国地质大学学报》（社会科学版）2018年第4期。

析进路，有必要对此进行理论上的梳理和厘清。这是挖掘空间逻辑对于邻避问题解释力的前置条件。

第三节　城市邻避现象的空间治理：
问题锚定与研究设计

一　研究问题的定位

在识别城市转型发展中邻避现象的变化趋势，以及考察当前国内外相关研究的基础上，本书将研究问题定位于：在当前城市转型的空间重塑过程中，如何通过对邻避现象的空间治理，实现城市可持续的转型与发展？这一问题定位内在地包含四个层面的认识。

其一，将城市邻避现象置于城市转型发展进程之中考察，基于城市转型发展的时代要求以及邻避现象呈现的变化趋势，定位邻避治理的问题指向。

其二，将城市邻避现象置于城市转型的空间逻辑之中考察，将其视作城市在转型发展中，具有负外部性设施建设所推动的城市邻避空间生产过程，以及由此出现的一类城市空间冲突形式，从而对邻避现象本身进行具有现实解释性的问题建构。

其三，将城市邻避现象置于冲突的积极功能的治理视野之下考察，识别、发挥和固化冲突本身及其治理过程中，有助于促进社会整合、共识塑造等方面的积极性因素，以实现更具有可持续性和韧性的城市空间生产机制建设。

其四，将邻避问题的考察置于"软件"与"硬件"相结合的空间治理视域下。一方面，邻避问题以设施的建设为起点，直观性地表现为对地方空间要素的物质性安排；另一方面，邻避问题往往以政府的行为方式为指向，内在地包含着对地方要素进行空间安排中的机制与行动逻辑。因此，邻避现象的空间治理，既是寻求以空间规划结果实现地方空间要素的优化配置，也是寻求在这一过程中制度安排和机制设计的完善。

二 研究路径的设计

基于本书的研究问题，研究主要从三部分展开。

第一部分是理论研究。通过考察城市转型发展的空间特征，识别城市转型中空间冲突的风险呈现，进而从理论上分析邻避现象的空间实质，构建分析框架，以解释"当前邻避现象何以成为转型期城市所面临的空间冲突风险"这一问题，具体包括第一章和第二章。第一章基于当前城市转型中邻避现象的新态势及其在空间维度的问题呈现，从城市转型的空间特征、城市邻避现象的发展趋势、面向转型发展的冲突积极功能发挥三个层面考察邻避现象所呈现出的治理问题，在此基础上识别研究问题，作为理论研究的起点。第二章从时代背景、理论基础、内涵实质、情境类型、风险演化等方面进行理论考察，分析城市转型发展中的空间重塑特征，以及这一过程中内蕴的空间冲突风险，在此基础上解释邻避现象的空间实质及其理论内涵，以空间利用中差异化产权关系为基础，区分"增量型"和"存量型"邻避空间生产情境，基于发生情境、风险演化、治理面向等维度，构建分析框架。

第二部分是实证研究，通过对典型案例的考察，识别在两类不同的邻避空间生产情境中，邻避型空间冲突的形成和演化，以及这一过程中主体的抗争行动及其特征，并考察相应的治理实践举措及其结果，以解释"转型期城市邻避空间生产中的冲突风险何以发生"，主要包括第三章和第四章。第三章针对"增量型"的邻避空间生产情境展开研究，通过对四起典型性案例进行多案例比较分析，识别这一情境下邻避空间生产的过程，分析其中冲突风险生成的内在逻辑，并考察地方政府所采取的差异化治理策略及其治理结果。第四章针对"存量型"的邻避空间生产情境展开研究，基于这一情境所呈现的历时演进性特征，通过对典型案例的个案分析，识别这一情境下邻避空间如何随着城市发展中的空间演变而逐渐被生产出来，以及冲突风险如何在这一过程中形成和演化，并考察这一历时性过程中，地方管理者采取的多元治理策略及其治理结果。

第三部分基于实证研究发现开展理论研究。在对两类邻避空间生产情境及其冲突的案例研究基础上，从治理定位、治理工具、治理路径三个维度探讨邻避空间生产的优化，以解释"基于城市转型发展的要求，邻避现象的空间治理如何实现"，主要包括第五章。第五章在实证研究基础上，分析优化邻避空间生产的治理要求、治理动机和治理导向，分析治理工具的实际应用、工具效果与发展趋势，在此基础上探讨邻避空间治理路径及其策略实现。

本书的研究路径如图1-2所示。

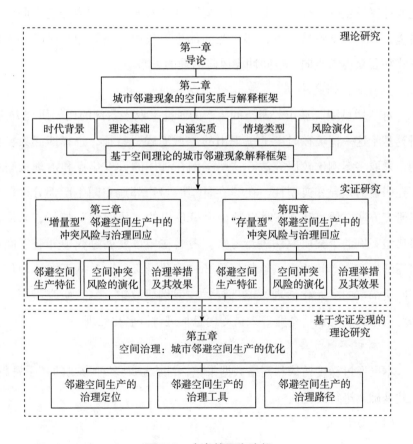

图1-2　本书的研究路径

资料来源：笔者自制。

三 研究方法的使用

本书综合运用比较研究、案例研究、深度访谈、网络数据采集、文献研究、文本分析等方法，从实证研究设计、资料收集、资料分析三个层面进行研究。

1. 实证研究方法

在实证研究方面，本书主要采用比较研究法和案例研究法。

（1）比较研究法

实证研究部分在基于类型学划分的比较分析基础上展开。本书依据空间冲突发生的基础，区分"增量型"和"存量型"两类邻避空间生产情境，分别考察各情境下，邻避空间的生产过程、空间冲突风险的表现形式和公众诉求指向、空间冲突风险治理的策略等。

（2）案例研究法

对"增量型"城市邻避空间生产的研究采取多案例的比较研究方法。研究基于这一情境在时空上呈现出的"截面式"特征，选择四起典型案例，采取多案例比较研究法。这些案例在具体的诉求焦点和治理策略中存在明显的差异和典型性。在"存量型"城市邻避空间生产部分采取个案研究方法。研究基于在时空特征上呈现出的"历时性"特征，采取针对典型案例的个案研究法进行考察。考察在城市发展过程中邻避空间如何逐渐生产、空间冲突风险如何展开和演化升级，以及从不同治理焦点层次所采取的多元化治理策略选择。在案例研究中，基于研究需要，本书对所涉及的地点、企业、人员等信息均进行匿名化处理。

2. 数据资料收集方法

本书通过深度访谈和网络数据采集，综合获取多种形式的一手资料，在此基础上进行研究。

（1）访谈法

在一手资料收集上，本书主要使用实地观察和深度访谈的研究方法，整理访谈记录和观察笔记作为研究主要依据的一手资料。在具体案例的调研中，出于调研目的与调研情境的需要，访谈主要采取半结构化访谈与开放式访谈两种形式。

（2）网络数据采集

在资料的获取上，本书一方面通过网络检索获取相关学术文献、研究报告、政策文件、新闻报道、统计数据等资料，另一方面通过爬虫获取事件中的公众评论文本等数据资料。

3. 数据资料分析方法

基于获取的数据资料结构与内容特征，本书主要采取文本分析方法对数据资料进行分析。具体而言，针对不同的数据资料类型，采取多种文本分析技术。

（1）文献研究法

对于学术文献资料，本书一方面对文献内容、观点进行内容分析和比较分析，以梳理相关理论基础与理论演进脉络，这一方法主要应用于本书对国内外相关研究进展的分析，以及理论分析框架的构建。另一方面，对于访谈资料、研究报告、政策文本、新闻报道等文本资料，本书通过文本分析对其核心内容观点进行归纳提炼与比较分析，挖掘文本核心信息，基于理论分析框架以及城市空间冲突治理的具体实践情境进行阐释，这一方法主要应用于本书的案例实证研究。

（2）基于主题模型的文本分析技术

本书针对公众评论文本资料，利用主题模型进行文本分析。在自然语言处理领域，主题模型是从一系列文档中发现抽象主题的一种统计模型。其中，微博作为现代信息化社会中网友表达观点的重要舆论平台，微博评论在简短和通俗的语言背后，反映出公众在空间冲突中的主要观点和态度立场。这一方法主要应用于案例研究部分，对满足分析条件的案例收集新浪微博上的相关网友评论，进行主题模型分析，作为重要的分析资料依据。

第二章　城市邻避现象的空间实质与解释框架

考察城市转型的空间逻辑是分析的起点。当前城市的发展转型，沿着品质化发展和现代化治理两条路径展开，而从空间特征上看，这实际上是在"生产怎样的空间""怎样生产空间"两个问题上所推进的空间重塑，其中存在着多方主体在认知和行动中的张力。邻避设施在城市中的建设和运行，推动了邻避空间的生产，而各主体间的认知分歧与公众的邻避行动也随之形成。在空间的意义上，城市邻避风险亦可被视为城市发展中的"邻避型空间冲突"。

第一节　时代背景：城市的转型发展及其空间重塑

改革开放以来，中国通过土地和空间效益开发实现了持续、快速城市增长的"城市奇迹"，[①] 但也带来了城市的治理挑战，促进了对城市发展的反思与调整。新时代我国城市正在经历根本性的转型发展，从"增量扩张"向"存量优化"的发展模式转变，重视城市空间内公共服务发展、产业结构优化、生活品质提升等方面，以增强城市自身的可持续发展能力。这既是对城市发展方向的重新定位，也是城市治理方式的重要转变。从空间逻辑上看，城市的转型发展是在品质化发展和现代化治理

---

① 陈映芳等：《都市大开发：空间生产的政治社会学》，上海古籍出版社 2009 年版，第 1—2 页。

的导向下，在"生产怎样的空间"和"怎样生产空间"两个环节上的空间重塑过程。

一 "生产怎样的空间"：面向品质城市的发展转型

新型城镇化的城市发展模式转型，强调以人为本，推进城市的品质化发展。从空间逻辑上看，这指向了"生产怎样的城市空间"的问题。

（一）城市扩张中的品质反思

改革开放以来的快速城镇化进程，存在城市对乡村的"空间挤压"，城市蔓延使得大量乡村地域转化为城市地域，大规模的"造城运动"通过土地出让收入与拆迁成本之间的差额奠定了城镇化和工业化的物质基础。这种"以经济发展为中心目标、以外向型工业化为中心动力、以地方政府为主导、以土地为主要内容、以规模扩张为发展方式、以物质资本大量投入为驱动要素"①的城镇化模式在 20 世纪末 21 世纪初被推向了一个新的高潮。

陆大道将这一时期快速的城镇化率提升解读为"冒进式的空间扩张"。② 城市缺乏由工业发展所提供的就业岗位、基础设施供应和公共服务承载力，无法满足城市人口的发展需要。除此之外，"城乡二元"使得大量的外来务工人口成为城市中的"候鸟群体"，城市空间与人口仅仅是一种空间上的承载关系，城市享受外来务工人员带来的劳动力红利的同时，却未满足后者的城市公共服务需求。二者交互作用之下，城市人口在客观上的"城市集聚"难以切实转化为空间资源获取的"城市融入"。

李强等学者的研究将其称为城镇化的"推动模式"，认为政府的行政权力运作是城镇化的主要驱动力，城镇化主要在城镇范围以外的农村地区实现跳跃式发展，具体表现为建立开发区、建设新区和新城、城市扩展、旧城改造、建设中央商务区、乡镇产业化和村庄产业化等形式。③ 但

---

① 倪鹏飞：《新型城镇化的基本模式、具体路径与推进对策》，《江海学刊》2013 年第 1 期。
② 陆大道：《我国的城镇化进程与空间扩张》，《城市规划学刊》2007 年第 4 期。
③ 李强、陈宇琳、刘精明：《中国城镇化"推进模式"研究》，《中国社会科学》2012 年第 7 期。

在这一过程中，地方政府主要采取"地方融资平台+土地财政"的投融资方式，而对人的城镇化和市民化问题不够重视。①

总的来说，这一时期城市的规模扩张，可以说是以牺牲城市生活品质为代价，城市快速扩张的背后是农村地域向城市地域转变中的空间挤压，以及户籍制度壁垒下城市流动人口的权利挤压。在城市扩张的过程中，土地的城镇化与人的城镇化之间存在明显脱节，城市集聚的人口难以切实享受到城镇化发展所带来的基础设施、公共服务等发展成果，同时城市扩张又缺乏人口与正常的社会运行秩序支撑，出现"空城""鬼城"等现象，造成资源的巨大浪费。

（二）品质城市转型的空间逻辑

新型城镇化内在要求面向发展的品质城市转型（见表2-1）。2012年党的十八大提出"坚持走中国特色新型工业化、信息化、城镇化、农业现代化道路"，次年召开的中央城镇化工作会议明确提出了"以人为核心的城镇化"这一重要命题。2014年《国家新型城镇化规划（2014—2020年）》出台，明确指出新型城镇化的内涵是"走以人为本、四化同步、优化布局、生态文明、文化传承的中国特色新型城镇化道路"。城市品质化发展的根本是推进以人为核心的城镇化，从增量式的城市空间扩张转向为存量更新、内涵式的城市空间优化，在"生产怎样的城市空间"这一问题上，强调城市的发展品质而非速度，成为对以往城市发展方式的根本性重塑。

表 2-1 品质城市转型的相关代表性政策

时间	会议、文件	相关政策概述
2012 年	党的十八大报告	坚持走中国特色新型工业化、信息化、城镇化、农业现代化道路，推动信息化和工业化深度融合、工业化和城镇化良性互动、城镇化和农业现代化相互协调，促进工业化、信息化、城镇化、农业现代化同步发展

① 中国金融40人论坛课题组、周诚君：《加快推进新型城镇化：对若干重大体制改革问题的认识与政策建议》，《中国社会科学》2013年第7期。

续表

时间	会议、文件	相关政策概述
2013 年	中央城镇化工作会议	以人为本，推进以人为核心的城镇化、推进农业转移人口市民化、提高城镇建设用地利用效率、建立多元可持续的资金保障机制、优化城镇化布局和形态、提高城镇建设水平、加强对城镇化的管理
2014 年	国家新型城镇化规划（2014—2020 年）	走以人为本、四化同步、优化布局、生态文明、文化传承的中国特色新型城镇化道路
2015 年	中央全面深化改革领导小组第十次会议	把改革方案的含金量充分展示出来，让人民群众有更多"获得感"
2017 年	党的十九大报告	中国特色社会主义进入新时代，我国社会主要矛盾已经转化为人民日益增长的美好生活需要和不平衡不充分的发展之间的矛盾
2021 年	"十四五"规划	加快转变城市发展方式，统筹城市规划建设管理，实施城市更新行动，推动城市空间结构优化和品质提升
2022 年	"十四五"新型城镇化实施方案	超大特大城市中心城区非核心功能有序疏解，大中城市功能品质进一步提升，小城市发展活力不断增强，以县城为重要载体的城镇化建设取得重要进展
2022 年	党的二十大报告	以城市群、都市圈为依托构建大中小城市协调发展格局，推进以县城为重要载体的城镇化建设

资料来源：笔者根据相关资料整理而成。

其一，城市品质化发展意味着城市发展领域的全面提升。"新型城镇化"甫一提出，中国金融 40 人论坛课题组的研究就指出，城镇化问题"牵一发而动全身"，新型城镇化意味着"包括土地制度、市场化融资体系建设、房价调控、粮食安全、财税体系、社会保障和公共服务均等化、环境保护等在内的一揽子改革方案"[①]。而随着党的十九大对我国社会主要矛盾的转变作出重要研判，认为新时代我国社会主要矛盾已转变为"人民日益增长的美好生活需要和不平衡不充分的发展之间的矛盾"，新型城镇化承担了更为重要的时代任务，"新时代不平衡发展突出体现在城镇化进程之中，城乡之间不平衡、区域间不平衡、城市新市民、老市民

[①]　中国金融 40 人论坛课题组、周诚君：《加快推进新型城镇化：对若干重大体制改革问题的认识与政策建议》，《中国社会科学》2013 年第 7 期。

及流动农民工等不同群体间发展的不平衡等一系列突出问题",① 因而城市成为纠正不平衡发展的重要场域,新型城镇化就成为实现充分发展、平衡发展的关键。

其二,城市品质化发展意味着城市公共服务与产业转型的深入推进。新型城镇化内在地包含着城市产业结构优化升级的发展面向,即通过既有产业的技术升级与发展转型,以及第三产业和新兴产业的发展布局,实现可持续与环境友好的经济发展,推进新型工业化与新型城镇化的良性互动。此外,新型城镇化在人口集聚所创造的消费需求之外,同样创造城市基础设施建设、公共服务建设、住房建设等领域的投资需求。② 新型城镇化强调通过城市产业结构的优化升级与城市公共服务水平的提升,夯实品质城市的物质基础。

其三,城市品质化发展意味着改善城市发展中"空间"和"经济"之间的关系。城市空间的经济价值不再简单地依赖商业空间的大规模生产,而是现有空间的再更新。空间的经济价值由土地与固着于土地上的建筑物两部分价值构成,其中建筑物的价值随年代而折旧,而土地的价值则会随着公共设施的建设和公共服务的提升而升值,③ 由此实现空间经济价值的提升。由此,新型城镇化试图将空间与经济的逻辑转向更具人文关怀的空间、公共性与经济价值的辩证关系与互利共赢逻辑之中。

二 "怎样生产空间":城市治理现代化转型

打造与城市品质提升相契合的城市发展机制,就是通过推进城市现代化治理,优化政府、企业、社会关系,推进社会治理创新,根本上转变"增长联盟"之下行政权力和资本力量对社会公众的权力挤压和权利剥夺,以提升城市发展中的治理效能。从空间逻辑上看,这实际上指向"怎样生产城市空间"的问题。

---

① 陈明星、隋昱文、郭莎莎:《中国新型城镇化在"十九大"后发展的新态势》,《地理研究》2019 年第 1 期。
② 张占斌:《新型城镇化的战略意义和改革难题》,《国家行政学院学报》2013 年第 1 期。
③ 赵燕菁:《农地改革与城市化》,《北京规划建设》2013 年第 5 期。

（一）城市增长中的治理思考

城市扩张在发展机制上表现为城市增长机器的运转。随着大规模的土地商业化开发成为城市经济发展的重要引擎，新的商业空间的生产成为城市经济的主要增长点，同时经济利益也成为城市空间开发的重要动力，城市土地、资本利润与地方财政捆绑在一起，导致城市公共问题中的治理缺失与城市公共物品供给中的治理滞后，城市发展中公众的合法权益难以得到有效保障，加剧了"城市病"，反过来进一步降低了市民的满意度、幸福感以及政府信任。进入 21 世纪，城市增长中的风险相互交汇，加剧了城市的治理挑战，尤其是随着 2011 年常住人口城镇化率首次超过 50%，"城市中国"面对日益严峻的治理挑战，进一步要求在根本上转变传统的城市增长逻辑。

党的十八届三中全会通过《中共中央关于全面深化改革若干重大问题的决定》，指出："全面深化改革的总目标是完善和发展中国特色社会主义制度，推进国家治理体系和治理能力现代化。"[①] 治理现代化的发展变革逐渐展开（见表 2-2）。

表 2-2　　　　城市现代化治理的相关代表性政策

时间	会议、文件	相关政策概述
2013 年	中共中央关于全面深化改革若干重大问题的决定	全面深化改革的总目标是完善和发展中国特色社会主义制度，推进国家治理体系和治理能力现代化。强调让发展成果更多更公平惠及全体人民
2015 年	中央城市工作会议	转变城市发展方式，完善城市治理体系，提高城市治理能力，着力解决城市病等突出问题
2017 年	党的十九大报告	坚持和完善中国特色社会主义制度，不断推进国家治理体系和治理能力现代化
2019 年	中共中央关于坚持和完善中国特色社会主义制度 推进国家治理体系和治理能力现代化若干重大问题的决定	明确了推进国家治理现代化的时间点和路线图，深入总结了我国国家制度和国家治理体系的显著优势，提出实现治理现代化要"把我国制度优势更好转化为国家治理效能"

---

① 《中共中央关于全面深化改革若干重大问题的决定》，人民出版社 2013 年版。

续表

时间	会议、文件	相关政策概述
2021 年	"十四五"规划	坚持党建引领、重心下移、科技赋能，不断提升城市治理科学化精细化智能化水平，推进市域社会治理现代化
2022 年	"十四五"新型城镇化实施方案	树立全周期管理理念，聚焦空间治理、社会治理、行政管理、投融资等领域，提高城市治理科学化精细化智能化水平，推进城市治理体系和治理能力现代化
2022 年	党的二十大报告	坚持人民城市人民建、人民城市为人民，提高城市规划、建设、治理水平，加快转变超大特大城市发展方式，实施城市更新行动，加强城市基础设施建设，打造宜居、韧性、智慧城市

资料来源：笔者根据相关资料整理而成。

这一命题的提出，不仅标志着"治理"从学术话语成为政策术语，而且意味着改革开放后的治理实践，在治理现代化的语境中进入新的变革阶段。其内在包含着三重语境。一是在中国实践语境下，在"长期发展、渐进改进、内生性演化"[1] 中不断形成和发展的"治理"活动，即治国理政。二是作为学术概念的治理理论，这一引介于西方、在西方语境下被赋予政府分权和社会自治含义的概念，[2] 在中国治理实践情境中则内在具有通过政府、市场、社会组织、公民等多元主体参与公共治理并形成多中心治理模式的内涵。[3] 三是作为政策话语的"治理"改革，包括"治理体系"和"治理能力"两个方面，前者指"党领导下管理国家的制度体系"，后者则是"运用国家制度管理社会各方面事务的能力"。[4] 综上所述，面向现代化的国家治理被认为是"在中国特色社会主义道路的既定方向上，在中国特色社会主义理论的话语语境和话语系统

---

① 李龙、任颖：《"治理"一词的沿革考略——以语义分析与语用分析为方法》，《法制与社会发展》2014 年第 4 期。

② 王浦劬：《国家治理、政府治理和社会治理的含义及其相互关系》，《国家行政学院学报》2014 年第 3 期。

③ 唐亚林：《新中国 70 年：政府治理的突出成就与成功之道》，《开放时代》2019 年第 5 期。

④ 习近平：《切实把思想统一到党的十八届三中全会精神上来》，《人民日报》2014 年 1 月 1 日第 2 版。

中，在中国特色社会主义制度的完善和发展的改革意义上，中国共产党领导人民科学、民主、依法和有效地治国理政"。①

（二）城市治理现代化的空间逻辑

从宏观层面上看，城市治理现代化意味着城市层面发展模式与治理模式的重塑。作为国家治理体系的重要环节，城市治理是国家治理的"窗口"和直接表现，因而城市治理不仅在内容上和国家治理有相似性，在路径选择上也有共同之处，② 城市的治理转型在这一层面上表现为面向国家治理现代化的发展要求，重塑城市治理体系，提升城市治理能力。此外，城市治理不仅是国家治理在城市层面的简单"映射"，城市在其空间形态上具有区别于其他治理领域的独特性，如高度的空间压缩、资源和人口的高度聚集，③ 杨雪锋将其总结为治理空间的有限性、治理客体的公共性和治理关系的契约性，④ 城市治理因而在其治理任务、治理方式、治理工具等方面具有独特性。可以说，面向治理现代化的城市空间重塑，在宏观层面体现为城市和国家的空间关系重构，现代化的国家治理理念强调权力的下放与职能的转移，城市政府不仅仅作为中央决策的传声筒与执行者，而是在地方治理中发挥着更多主动性，享有更高的自主权。

从中观层面上看，城市治理现代化意味着完善契合于新型城镇化发展的城市治理机制。城市治理问题的涌现在一定程度上倒逼城市的治理转型，快速城镇化进程中对于城市品质的忽视内生了城市发展的风险，这些风险由于缺乏良性城市治理所提供的有效调节机制，逐步显性化并最终演变为城市治理中的现实问题。⑤ 向"城市化国家"转型中的各种问

① 王浦劬：《国家治理、政府治理和社会治理的含义及其相互关系》，《国家行政学院学报》2014 年第 3 期。

② 计永超、焦德武：《城市治理现代化：理念、价值与路径构想》，《江淮论坛》2015 年第 6 期。

③ 夏志强、谭毅：《城市治理体系和治理能力建设的基本逻辑》，《上海行政学院学报》2017 年第 5 期。

④ 杨雪锋：《理解城市治理现代化》，《经济社会体制比较》2016 年第 6 期。

⑤ 刘建平、杨磊：《中国快速城镇化的风险与城市治理转型》，《中国行政管理》2014 年第 4 期。

题与挑战，可归因于城市化发展与地方政府治理改革间的不协调。① 城市治理现代化的发展转型，一方面回应快速城镇化风险、传统治理弊端与现实公共问题，提供有效的治理机制；另一方面则是匹配新型城镇化发展模式重构的内在要求，提供保障城市可持续发展的良性运行机制。夏志强、谭毅将之解释为城市治理现代化的"问题导向"与"使命导向"。② 杨雪锋将城市治理现代化的现实任务总结为在城市公共物品供给上"补短板"、在城市管理上"强能力"、在体制机制上"除积弊"、在治理理念上"促转型"。③ 可以说，面向治理现代化的城市空间重塑，在中观层面表现为重塑城市在发展中自身的竞争力结构与来源，从而推动城市竞合关系的转变。城市竞争力不再仅依靠土地开发所创造的 GDP 增长与财政收入，而越来越依赖于高效的城市治理所创造的治理效能。城市政府不仅需要通过治理创新在政治资产的竞争中取得优势，而且需要通过公共服务的提升以吸引人口和资本，在日趋激烈的城市竞争中脱颖而出。与此同时，城市之间也呈现出日益密切的合作和依附趋势，需要在城镇化发展中所形成的"城市—都市圈—城市圈—经济区"④ 这一空间扩展与空间合作格局之中，重构契合于城市发展的治理体系与治理机制。

从微观层面上看，城市治理现代化聚焦于政府主体自身的职能转变。薛澜认为，当前围绕国家治理现代化的解读主要从横向和纵向两个路径展开，横向解构侧重于政府治理、市场治理、社会治理等不同主体与领域之间的关系，纵向解构则侧重于治理在理念、制度、组织、方式或主体、机制、效果等不同层次上的展开。⑤ 而无论何种解构方式，基于政府

①　郁建兴、冯涛：《城市化进程中的地方政府治理转型：一个新的分析框架》，《社会科学》2011 年第 11 期。

②　夏志强、谭毅：《城市治理体系和治理能力建设的基本逻辑》，《上海行政学院学报》2017 年第 5 期。

③　杨雪锋：《理解城市治理现代化》，《经济社会体制比较》2016 年第 6 期。

④　肖金成、欧阳慧等：《优化国土空间开发格局研究》，中国计划出版社 2015 年版，第 257 页。

⑤　薛澜、张帆、武沐瑶：《国家治理体系与治理能力研究：回顾与前瞻》，《公共管理学报》2015 年第 3 期。

职能转变的行政权力变革都是其中的核心环节。通过转变政府职能，在政府内部关系中重塑城市治理理念、优化组织结构、创新治理工具、提升治理效能；在政企关系上，深化"放管服"改革，减少政府对于市场活动的控制和干预，优化营商环境从而激发市场活力；在政社关系上，打造透明化、开放型、回应型、服务型政府，支持和鼓励社会治理创新，回应和吸纳当前公众随社会发展而不断动员起来的社会参与诉求、持续提升的权利意识以及不断增强的自我治理能力。因此，从这一意义上看，"推动政府变革和创新实现城市治理现代化，成为推进国家治理能力现代化的基础性问题"。① 可以说，面向治理现代化的城市空间重塑，在微观层面指向多元主体参与公共事务的决策与公共服务的供给，市场力量与多元化的社会力量共同参与到城市的空间重塑。

第二节　理论基础：城市空间生产中的冲突风险

品质化发展与现代化治理的城市转型，表明了城市空间重塑在"生产怎样的空间"和"怎样生产空间"两个核心问题上的改革期许。但正如亨廷顿在其《变化社会中的政治秩序》一书中所指出的，现代化意味着稳定，但实现现代化的过程中却孕育着冲突。发展与改革本身就面临着长远的治理秩序期许与短期的利益结构变革之间的张力。空间生产理论对此提供了有益的解释，分析了随着城市转型发展，空间重塑中的冲突风险，如何在多元主体的认知层面和行动层面逐渐形成并表现出来。

一　空间主体的认知分歧

空间生产理论揭示出空间所具有的社会属性，这在很大程度上表现为空间生产自身所具有的建构性特征。身处其中的城市多元空间主体，

---

① 王浦劬、雷雨若：《我国城市治理现代化的范式选择与路径构想》，《深圳大学学报》（人文社会科学版）2018 年第 2 期。

基于不同的认知立场，在对具体空间利用、空间意象塑造、空间社会关系感知之中，建构起相应的"空间概念"。但在权力和资本主导的空间重塑过程中，多元空间主体内在地存在围绕"空间概念"所形成的认知分歧，空间生产理论的空间批判也据此展开。

（一）具体空间利用中的认知差异

城市空间生产直接表现为各类型、各功能的具体空间形式。不同群体对多元化具体空间的利用，形成了基于日常生活中的空间体验。

就空间本身的生产而言，可以从空间的公共性特征或者说是空间的开放性程度，划分为私人空间、公共空间两类，而后者概念上又可进一步区分为"一切非限于特定人群使用"的作为公共产品的公共空间和"提供公众进行一定社会活动"的作为准公共产品的公共空间①。而从空间使用中所呈现出的社会分工和社会经济领域的细分，则大致存在生产空间、居住空间、消费空间、交往空间等多元化的空间形态。② 差异化的空间形式是空间使用和体验的基础。

同时，随着人们消费水平、消费需求和交往方式等方面的升级，不同类型和功能的空间也实现了相互的渗透与融合，带来了新的空间使用和空间体验方式。如以城市综合体为代表，消费场所在公共空间中广泛融入；"书吧""网咖"等场所呈现出消费空间同社会交往功能的融合。即，基于社会交往的空间公共性与消费性的融合与平衡。③

城市空间应然地鼓励并满足不同群体的差异化需求。但空间生产中的资本运作，主要倾向于生产均质性的抽象空间，其对空间的开发和利用，不同于公众日常生活中多元化、差异化、具体化的空间需求，致力于打造最大化交换价值的空间，如现代消费场所空间和产业空间、反映权力象征与资本力量的地标性建筑和商业性现代化住宅小区等。尽管这

---

① 刘湖北、王炳荣：《论作为准公共产品的城市公共空间的再造》，《南昌大学学报》（人文社会科学版）2009 年第 5 期。

② 李程骅：《商业新业态：城市消费大变革》，东南大学出版社 2004 年版，第 174 页。

③ 韩晶：《城市消费空间：消费活动·空间·城市设计》，东南大学出版社 2014 年版，第 453 页。

些场所或多或少地迎合了居民生活和交往的需求，但不可否认的事实是，其一方面挤压了城市公共空间（绿地、公园、步行街道等）的建设，使得满足公众日常生活需求的城市空间供给减少；另一方面带来外部性影响，例如经济中心所增加的交通压力、行业生产活动所可能具有的环境影响、权力和财富象征建筑所带来的心理感知、不同社区住宅所带来的阶层差异体验等。这都影响着公众对既有生活空间的使用体验。

（二）空间意象塑造中的认知碰撞

城市空间生产的结果还同时表现为空间意象的塑造。凯文·林奇（Kevin Andrew Lynch）的"城市意象"与大卫·哈维（David Harvey）的"地方"概念对此提供了富有价值的理论解释。凯文·林奇（Kevin Andrew Lynch）认为："我们不能仅仅将城市看成是自身存在的事物，而应该将其更理解为由它的市民感受到的城市。"① 这种感受就是公众进行主观建构的过程，观察者按照自己的意愿对所见事物进行选择、组织并赋予意义，由此建构出属于个体的意象，以及在可能迥异的个体意象之上，复合而成的一个或一系列的公共意象，即"大多数市民心中拥有的共同意象"。② 市民通过对道路、边界、区域、节点、标志物等五类主要的空间要素的观察和赋予意义，实现对于城市意象的建构。③ 哈维（David Harvey）认为，公众建构了多元化的"地方"概念、如作为存在场所的"地方"概念、强调环境特色的"地方"概念，强调集体记忆的"地方"概念、构造出场所精神的"地方"概念以及作为共同体的"地方"概念。④ 在不同的"地方"概念中，城市呈现出对于不同公众差异性的意义。在空间意象层面上，城市反映了面对多元空间主体，在个体和群体层面上具有的文化和象征的符号意义。

在空间意象层面，尊重差异性的生活逻辑，同普遍性、抽象性的资

---

① ［美］凯文·林奇：《城市意象》，方益萍、何晓军译，华夏出版社 2001 年版，第 2 页。

② ［美］凯文·林奇：《城市意象》，方益萍、何晓军译，华夏出版社 2001 年版，第 5 页。

③ ［美］凯文·林奇：《城市意象》，方益萍、何晓军译，华夏出版社 2001 年版，第 35 页。

④ ［美］戴维·哈维：《正义、自然和差异地理学》，胡大平译，上海人民出版社 2015 年版，第 344—360 页。

本逻辑之间，始终存在张力。凯文·林奇（Kevin Andrew Lynch）认为，个体形成的空间意象同公共意象之间的和谐是城市秩序的基础，在这一状态下，尽管每个个体意象都有与众不同之处，但它们都接近于公共意象。[①] 尽管这一观点论证了公共意象的重要性，但其同时暗含了个体意象与公共意象之间潜在的分歧。进而，凯文·林奇（Kevin Andrew Lynch）提出，这种和谐并非个人对公共意象的迎合，而是环境应当适应地方的文化类型或者说是人们的需求，因而应当"赋予城市一种适宜的形态，使其有助于城市的意象组织，而不是更加尴尬"。[②] 当前随着工业发展和贸易等资本流动和资本积累，工业组织暗含了资本主导下的时空秩序网络，把资本推动下的时间和空间定义强加给人们，列斐伏尔（Henri Lefe-bvre）将这一过程视作空间同质化消弭差异性的一种本能的倾向，但这一过程中差异本身无法被消除。哈维（David Harvey）的"地方"概念主张保留地方的独特差异性，抵制资本塑造下对地方独特生态环境特质的破坏，衔接公众共同的历史记忆和未来期许，衔接城市发展的历史脉络与未来走向。

（三）空间社会关系中的身份关切

城市空间生产的结果在很大程度上反映为不同社会群体围绕空间所形成的共同体与社会关系。亚里士多德（Aristotle）就曾指出："城邦的长成出于人类'生活'的发展，而其实际的存在却是为了'优良的生活'"。[③] 这句话现在通常被解读为"人们来到城市，是为了生活；人们居住在城市，是为了生活得更好"。[④] 贝淡宁（Daniel A. Bell）用"城市精神"这一概念来描述城市空间生产与城市身份建构之间的内在联系，即"城市居民对自己的生活方式感到骄傲并努力推广其独特身份认同"

① ［美］凯文·林奇：《城市意象》，方益萍、何晓军译，华夏出版社2001年版，第35页。
② ［美］凯文·林奇：《城市意象》，方益萍、何晓军译，华夏出版社2001年版，第69页。
③ ［古希腊］亚里士多德：《政治学》，吴寿彭译，商务印书馆1965年版，第7页。
④ 唐亚林、陈水生主编：《世界城市群与大都市治理》，上海人民出版社2017年版，第1页。

的都市自豪感。① 从"物的城镇化"到"人的城镇化",② 从常住人口城镇化率的快速提升到重视提升户籍城镇化率,推进城乡融合发展,改革开放以来城镇化的发展历程就是不断推进城市居民从城市生存向城市融入的身份认同过程。当前以人为本的城市发展中,居民的身份认同成为城市重要的价值品质。习近平总书记指出:"把以人民为中心的发展思想体现在经济社会发展各个环节,做到老百姓关心什么、期盼什么,改革就要抓住什么、推进什么,通过改革给人民群众带来更多获得感。"③ 从围绕空间形成的社会关系层面上,城市公众"获得感"的提升,依赖于各阶层在公共服务、群体文化、权利身份等方面的城市社会融入。

在社会关系层面,资本所主导的城镇化过程,实际上是一个城市空间的交换价值挤压使用价值的过程。在列斐伏尔(Henri Lefebvre)看来,如果不将城市社会的发展作为城市化和工业化的归宿,而是使城市生活服从于工业增长,那么这种"没有社会发展的增长"就会使得工业化和城市化的双重进程失去了一切意义。④ 这在城市转型的空间生产过程中,主要表现为改革发展成果的分配失衡,弱势群体受资源禀赋、制度约束、发展限制等多重因素制约,在获取公共服务、融入城市文化等空间生产结果的享有中处于不利地位。

总的来说,在"生产怎样的空间"这一核心议题上,围绕空间利用、空间意象和社会关系三个层面所展开的空间建构,内在地存在差异性空间需求与同质化空间生产之间的张力。城市空间生产中存在权力和资本对公众差异性的空间利用需求的挤压,以及权力和资本所塑造的空间意义对公众建构的空间意义所施加的主导和控制。城市发展资源的集聚与

---

① ［加］贝淡宁、［以］艾维纳:《城市的精神:全球化时代,城市何以安顿我们》,吴万伟译,重庆出版社 2012 年版,第 11 页。

② 胡宝荣:《新型城镇化:从"物的城镇化"到"人的城镇化"》,《学术评论》2013 年第 4 期。

③ 中共中央文献研究室编:《习近平关于社会主义社会建设论述摘编》,中央文献出版社 2017 年版,第 40 页。

④ Henri Lefebvre, *Writings on Cities*, Selected, Translated and Introduced by Eleonore Kofman and Elizabeth Lebas, Oxford: Blackwell, 1996, p. 177.

发展成果的不平衡分配，以及由此扩大的群体差距，在空间层面上表现为群体间的空间分异和空间隔离。这些张力最终引发城市管理者、建设者同地方公众之间在空间建构中的共识断裂。列斐伏尔（Henri Lefebvre）提出空间生产包含着"空间实践—空间的表征—表征的空间"三个维度。城市的空间实践联系着城市居民差异性的日常生活和一个城市日常的运行状态；空间的表征则是一种概念化的空间，通常反映了科学家、规划学家、城市学家、技术官僚、社会工程师等专业人士对空间的界定，概念化的空间在任何社会中都是主要的空间或主要的空间生产模式；表征的空间则是城市居民在日常生活中的空间体验，或艺术家在艺术创作中的空间想象。空间实践反映主体对空间用途的察觉（perceived）。空间的表征是主体对空间的构想（conceived），源自主体所拥有的对于空间累积的相关知识。表征的空间是生活的（lived），更加复杂也更加具有独特性。因此，这种空间生产从一开始就孕育着矛盾：城市实践将许多差异的空间通过道路和网络联系起来，将差异化的个体生活联系起来，由此带来竞争与分歧；权力和资本试图塑造城市"空间的表征"，对地方居民形成了空间挤压，导致认同的缺失与不满。城市空间日益分裂和碎片化，人们有机会通过重新"挪用"权力，使空间为人类的目的服务，并重新肯定日常生活的意义和尊严。

二　认知分歧的行动外化

多元主体对空间概念的认知差异往往进一步外化为在城市政治框架下的互动和博弈，而对此进行的空间治理，则表现为各主体之间在城市政治运作过程中采取应对策略，试图达成相互接受的平衡状态。这一过程主要在权力、权利和价值三个维度上展开。

（一）权力维度：寻求空间生产中的影响力

城市空间生产主体包括行使行政权力的各级政府主体、发挥资本力量的市场主体、进行诉求表达与抗争动员的社会公众等。城市空间冲突反映了不同主体对城市空间生产影响力的争夺，即空间权力运作中的冲突。

各主体对城市空间生产过程影响力的争夺，是一种如博尔丁（Kenneth E. Boulding）所言的"得我所欲的权力"。根据"得我所欲"的不同方式，博尔丁（Kenneth E. Boulding）从权力的实现方式角度区分了权力的三张面孔，包括破坏性权力、生产性权力和整合性权力。其中，破坏性权力主要依托威胁和暴力，生产性权力主要依托于交换，整合性权力依托基于合法性、情感等因素获取的认同。行政力量、市场力量和社会力量同时在不同程度上分别拥有这三种权力。[①] 城市转型中的空间重塑过程，呈现了空间权力在不同"面孔"下的复杂运作情境。城市空间重塑既涉及对既有空间秩序的冲击与改变，又涉及对新的空间秩序所进行的要素建设与安排。在这一过程中，在不同情境、不同环节下，多种形式的权力复杂交织。地方建设项目的推进，城市政府的规划审批、招商引资等行动，加之企业主体的投资、建设、运营活动，以及在此过程中对涉及的地方居民进行搬迁安置或建设补偿，可以看作是一种依托市场机制"讨价还价"的交换行为。这种权力形式往往与其他形式的权力相结合。一方面，地方政府在项目建设中的强制推进，地方公众在自身权益损失下采取的行动，成为互相施加强制性影响的权力表现；另一方面，项目建设中地方政府换取公众政策支持的宣传、沟通策略，公众在日常生活中对城市空间符号的地方性概念的建构，成为寻求共识与认同的整合性权力表现。城市空间生产中的权力运作，反映了多元主体基于态度、立场、方式、情境等因素，所施加的不同权力形式。

权力形式的多元化带来权力冲突的风险。空间同时具有使用价值和交换价值，前者是指在空间内的居住、生产、生活的日常活动，后者则是通过出售、租赁等形式从土地、住宅等资源中获得收益。而当前城市的发展主要依赖于对城市空间交换价值的开发和利用，在这一过程中，地方政府获得了城市发展中的税收收益和政治支持，房地产商则从中实现利润最大化。普通公众往往关注空间使用价值的实现，满足于日常生

---

① ［英］肯尼斯·E·博尔丁：《权力的三张面孔》，张岩译，经济科学出版社 2012 年版，第 17—20 页。

活的体验，既不会太过主动地彰显自身对于城市发展的利益诉求，其日常对住宅的处分等行为也规模较小，因此地方公众并非城市增长联盟的联盟伙伴。同时，地方公众往往需要承担发展的代价，即其日常生活中对空间的使用往往会遭到挤压和破坏，如城市蔓延中的旧城衰落、文化破坏、交通拥挤、环境污染等问题。地方公众对此进行反对和抵制，成为城市中的"反增长联盟"——不是反对增长本身，而是反对以牺牲部分居民福祉换取城市管理者和开发者的利益增长。

（二）权利维度：捍卫"进入城市的权利"

如前所述，资本推动的城市化进程中，公众在空间使用中存在权利损失的风险。"城市权利"的提出，呼唤城市空间使用价值的回归，当前已成为识别与回应城市空间冲突的重要概念。"城市权利"最早的提出者——列斐伏尔（Henri Lefebvre）见证了一个城市化浪潮逐渐席卷全球的时代，也是一个资本主导下的城市空间生产的时代。列斐伏尔（Henri Lefebvre）认为，城市应当被视作市民的一种"作品"（oeuvre）而非"产品"（product），是被居民的要求、伦理和美学组织并加以调整的。[1] 但城市化进程中，权力和资本的逻辑使得城市从"作品"被资本和工业的"产品"所取代。因此，首先要做的就是重新用"作品"的理念去解读城市，但这种解读不是用艺术作品美化城市空间的拙劣模仿，而是意味着时间空间成了艺术作品，而以前的艺术重新思考自己作为空间和时间占用的来源和模式。[2] 在此基础上，城市权利就是寻求在工业化和城市化过程中被逐渐挤压、消失的城市生活的回归。这种"回归"，并不是一种简单的访问或回归传统城市的权利，而只能被表述为一种改造和更新的城市生活权利。[3]

从权利形式上看，城市权利是一种"进入城市的权利"（right to the

---

① 朱文健：《"城市的权利"：一种城市空间重塑的策略》，《住区》2015 年第 2 期。

② Henri Lefebvre, *Writings on Cities*, Selected, Translated and Introduced by Eleonore Kofman and Elizabeth Lebas, Oxford: Blackwell, 1996, p. 173.

③ Henri Lefebvre, *Writings on Cities*, Selected, Translated and Introduced by Eleonore Kofman and Elizabeth Lebas, Oxford: Blackwell, 1996, p. 158.

city），城市权利和其他具体的权利形式不同，表现为一种优越的权利形式：自由权、社会化的个体化权、在城市中居住和生活的权利。随着城市化浪潮中越来越多的乡村转变为城市，"城市权利"在列斐伏尔（Henri Lefebvre）那里也逐渐变得宽泛，从作为一个能够定义的对象，逐渐演变为"城市生活权利"这种模糊的问题和概念，进而在其《空间的生产》一书中演变为"空间生产的权利"这种更为一般性的问题。[①] 因此，赋予城市权利更加明确的理论内涵，成为城市研究者工作的重点，"城市权利只是一个空空如也的符号，取决于谁给他填充上意义……定义权利本身就是一个斗争目标"。[②] 换言之，城市权利的实现，很大程度上在于明确城市权利的核心内涵，包括谁来建构城市权利以及城市权利意味着怎样的权利。在这一意义上，哈维（David Harvey）提出，城市权利实际上是公众对城市化过程——资本主导的城市空间生产过程——所施加的控制，"城市权利远远超过获得城市资源的个人的或群体的权利，是一种按照我们的期望改变和改造城市的权利"。[③] 城市权利的实现即摆脱资本对空间生产过程的主导，以公众的诉求，即对城市空间使用价值的诉求，作为控制城市空间生产方向、过程的重要力量。

（三）价值维度：追求"正义"的城市发展

城市空间为何生产、如何生产的问题，在规范层面上成为一种"正义"的价值品质。正如韦伯斯特（Daniel Webster）所言："正义是人类最大的利益。"[④] 城市空间冲突的价值维度，针对空间生产在资本主导下的空间均质化、绅士化、产品化趋势，警惕城市空间的艺术性、日常性、差异性（即城市空间对于公众的使用价值）被掩盖的风险，从公众的空间使用角度主张捍卫城市的空间正义。城市空间生产的价值冲突，实际

---

① ［美］戴维·哈维：《叛逆的城市：从城市权利到城市革命》，叶齐茂、倪晓晖译，商务印书馆2014年版，前言。

② ［美］戴维·哈维：《叛逆的城市：从城市权利到城市革命》，叶齐茂、倪晓晖译，商务印书馆2014年版，前言。

③ ［美］戴维·哈维：《叛逆的城市：从城市权利到城市革命》，叶齐茂、倪晓晖译，商务印书馆2014年版，第4页。

④ 郭志鹏：《公平与效率新论》，解放军出版社2001年版，第28页。

上就是城市空间生产中的"非正义"现象，在过程层面表现为公众的空间诉求、空间权力在城市空间生产过程中未得到充分表达；在结果层面表现为公众对空间的差异化使用价值无法得到满足，由空间生产结果的非均衡性引发社会关系中的群体排斥与空间隔离。

这两个层面呈现了"空间"和"正义"之间的辩证关系。皮里（Gordon H. Pirie）认为，如果从物理属性的角度理解空间，将空间作为事物发生和社会关系转变的容器，那么"空间正义"就是"空间中的社会正义"，但如果从社会属性的角度理解空间，那么空间在为社会所生产和生产社会关系的过程中，会形成新的"空间正义"概念。[①] 迪克奇（Mustafa Dikeç）则进一步指出[②]，这种"新的空间正义"概念存在着正义（或非正义）同空间之间的辩证关系，即"空间性的非正义"和"非正义的空间性"。前者意味着正义具有空间维度，可以从空间的视角识别非正义现象；后者则意味着现有的结构能够通过空间产生并复制不公正。苏贾（Edward W. Soja）将二者具体化，认为空间的正义化即在城市的地理差异性之中，对公共服务的不平等分布、空间歧视、环境非正义、种族隔离等现象；[③] 正义的空间性则是在城市空间生产和空间概念建构的过程中，尊重公众的消极自由、积极自由、平等、民主、民权等正义社会的重要品质。[④] 总的来说，空间正义是不同城市主体能够相对自由、平等地享有城市空间权益，不受支配地进行城市空间生产和空间消费的理想状态。[⑤]

当前我国社会主要矛盾已从人民日益增长的物质文化需要同落后的社会生产之间的矛盾，转变为人民日益增长的美好生活需要和不平衡不

---

① 曹现强、张福磊：《空间正义：形成、内涵及意义》，《城市发展研究》2011年第4期。

② Mustafa Dikeç, "Justice and the Spatial Imagination", *Environment and Planning A*, Vol. 33, No. 10, October 2001.

③ ［美］爱德华·W. 苏贾：《寻求空间正义》，高春花、强乃社等译，社会科学文献出版社2016年版，第44—52页。

④ ［美］爱德华·W. 苏贾：《寻求空间正义》，高春花、强乃社等译，社会科学文献出版社2016年版，第19页。

⑤ 王志刚：《差异的正义：社会主义城市空间生产的价值诉求》，《思想战线》2012年第4期。

充分的发展之间的矛盾。这指明了推进社会公平正义的城市发展方向。从物质文化需要向美好生活需要的升级，意味着城市的发展转型需要对公众多样化的需求予以精准回应，不仅仅包括物质层面的繁荣和精神文化生活的丰富，也包括享有广泛平等的社会权利、充分均衡的公共服务、美好可持续的生态环境资源、安全有尊严的日常生活等全方位的"获得感"。不平衡不充分的发展，则反映了当前城市非正义现象的主要表现形态，城市发展成果在城市居民间的共享有待进一步提升。因而，城市转型发展中的空间治理，一方面呼唤既有城市治理体系和治理能力的现代化，通过对既有制度的完善，在制度框架内改善资本主导的城市空间生产所带来的非正义现象；另一方面，城市转型中的空间冲突情境客观上要求治理体系以更加平和、包容的态度认识并接纳集体性的社会动员，保障公众参与城市空间生产的过程。

第三节　内涵实质：邻避型空间冲突的风险生成与治理

在城市发展中呈现出新变化态势的邻避现象，作为城市空间生产张力的一种典型表现，亦可视为城市转型发展中的邻避型空间冲突。这一表述反映当前在城市公共服务供给、产业发展等开发利用城市空间的活动中，权力、资本同社会力量之间，围绕邻避设施推动的地方空间生产，在空间概念建构的认知层面和空间生产过程中的行动层面潜在的冲突风险。

一　冲突风险的起点：地方邻避空间生产与空间价值开发

（一）邻避空间的构成

邻避设施在增进区域整体效益的同时，也难以避免地对周边居民享有的环境品质、健康安全、生活体验带来负面影响，后者表现出不同程度的"邻避效应"。公众对邻避设施负面影响的关注，更侧重于其建筑形态、设施功能、生产影响和运营风险等方面，即对设施物理属性的关注和客观技术风险的衡量。尽管地方公众的利益剥夺感和风险感知等主观体验常作为解释邻避现象的部分原因，但邻避这一概念及其应用仍主要建立在技术思维而非人文思维的基础上。[①]

在邻避设施的建设和运营中，其双重影响在不同尺度的空间中扩散，极大地影响着多重空间的功能和秩序，也调整着多元主体的关系结构，进而在实际上推动了地方邻避空间的生产。邻避空间同时具有物理属性和社会属性，表现为多重性质和功能空间的有机结合。

从性质上看，邻避空间超越了设施本身的物理边界，或者说，邻避空间是由"多重边界"下的多元性质空间所构成。除了设施本身边界所构成的设施物理空间之外，邻避空间还包括设施环境污染、安全风险等负面效应所辐射到的客观影响空间，以及公众基于自身的风险感知和抵触情绪而形成的心理空间。除此之外，随着现代信息技术的发展，邻避设施所引发的担忧，往往依托互联网舆论网络得到扩散和放大，虚拟空间由此拓展了邻避心理空间的外延。

从功能上看，邻避空间除设施本身所提供的城市生产或公共服务供给空间之外，周边既有的公共空间、居住空间、商业空间，因其空间利用方式不可避免地受到邻避设施建设、运营的影响，亦成为邻避空间的应有之义。此外，邻避设施承载着城市管理者对于提升区域发展效益的政策期望，因而邻避空间内在地涉及同城市多重功能空间布局之间的发展协调。

（二）邻避空间生产中的"交换价值"与"使用价值"

地方邻避空间生产中多元性质、多重功能空间的相互交织，内在地指向空间利用中不同主体对于空间"交换价值"和"使用价值"的享有。

---

① 胡象明、刘浩然：《邻避概念的多重污名化与工程人文风险框架的构建》，《理论探讨》2020年第1期。

公共服务资源在地理空间上的集聚与供给是城市的重要特征。[①] 邻避空间在运行中所产出的空间效益，有助于城市空间、地方片区整体性的增值。城市政府从中获得增值后的土地价值利益、城市竞争力的提升和政府官员治理考核的亮色；邻避设施的建设、运营方则在获取基本运行的存在空间的同时，也获得了谋取利润的运营空间。地方公众尽管在理论上也从地方公共服务的提升中获益，但其居住生活、住宅交易、社区交往等活动却因邻避空间的负外部性，而受到身体、心理、物质等多方面的损失，从而降低了对地方空间的使用品质。

对邻避空间生产中"交换价值"与"使用价值"的分析，拓展了针对设施本身的解释。后者的分析起点建立在邻避设施固有的双重属性基础之上，即从奥黑尔（O'Hare）对邻避设施的经典定义出发，在设施带来的"整体性社会利益"以及对"所在地的周边居民的负面影响"之间的矛盾基础上，考察多元主体的感知、话语诉求和行动方式。而邻避空间的生产，则在此基础上更关注各主体多元化的空间需求，以及由此建构的差异化空间概念。这种差异化的空间概念超越了设施双重属性对"公共善"和"个人恶"的隐喻，而隐含着地方公众在享有地方空间使用价值中合理、正当的需求。

二　冲突风险的性质：邻避空间生产的主导权之争

如前所述，邻避型空间冲突同样反映了行政权力、资本力量、社会力量围绕邻避空间生产展开的互动和博弈（见图 2-1）。

行政权力和资本力量是空间交换价值开发利用的最主要力量。政府部门是行使行政权力的主要空间主体。不同层级政府、不同政府部门以具体的行政权力行使和职能履行，推进邻避空间生产。例如，规划部门通过对城市建设用地类型进行规划、审批与监管推动城市空间的开发利用，环保部门对设施建设和运营造成的环境邻避效应进行评估以及风险防控，应急管理部门则在设施安全运营、邻避风险处置等方面履行职能。

---

① 杨宏山：《澄清城乡治理的认知误区——基于公共服务的视角》，《探索与争鸣》2016 年第 6 期。

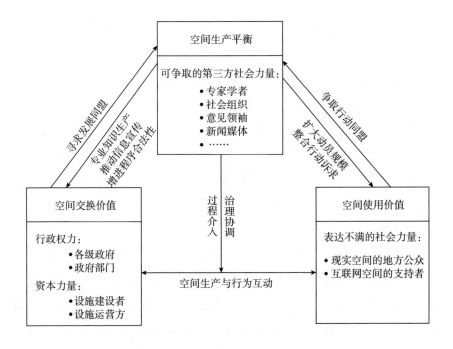

图 2-1　邻避空间生产中的主体及其角色

资料来源：笔者自制。

此外，这一过程也内在地涉及邻避设施所在地的不同层级政府部门在规划建设、运营监管、应急处置等方面的联动。

邻避设施的建设、运营企业是行使资本力量的主要空间主体。现阶段，随着 PPP 模式成为城市发展中公共服务设施建设的重要方式，资本在邻避设施空间生产中发挥着日益重要的作用。邻避设施的建设环节，不仅影响着邻避设施物理形态，更影响着由此给周边居民带来的视觉体验；邻避设施的运营则从生产结果、安全风险等方面，影响着设施负面效应的发生概率和预期损失程度。

社会力量在实践中呈现出多元化的结构特征。邻避设施所影响的地方公众是邻避行动的重要主体。随着当前以互联网为代表的现代信息技术带来了全球范围内的"时空压缩"，新技术下信息的快速传播，极大扩展了互联网的虚拟空间，同时也增强了虚拟空间同现实空间之间的连线力；① 在产生较大影响的邻避事件中，往往由于互联网赋予的参与动员能力而形成广泛的行动主体，极大地延展了"地方公众"的群体构成。

除地方公众之外，第三方社会力量也成为邻避型空间冲突中的重要主体，包括但不限于专家学者、社会组织、自媒体与网络意见领袖、新闻媒体等。他们在邻避空间的地方生产中，往往并不天然地属于支持方或反对方，而是随着邻避空间生产及冲突风险的演化，可能逐渐形成明确的立场倾向，或支持设施建设或表达不满并发挥自身的影响。

三　冲突风险的治理：城市尺度下的空间治理工具应用

（一）治理视域的转变

聚焦于利益层面的邻避治理，多将视野定位在弥补由邻避设施引发的周边公众利益损失，关注于如何在既有制度下吸纳公众的诉求，以缓和与平息公众邻避行动。但在实践上，这一思路多表现为地方政府短时间快速停建项目的妥协式平息，前期项目决策与建设投入往往成为治理的沉没成本。

针对邻避型空间冲突的治理行动，则意味着城市空间治理导向在地方邻避空间生产中的实现，回应邻避空间生产中多元主体行为背后的权力动机、权利诉求和价值驱动。进而从城市层面，其内在地包含多元空间尺度下的治理议题，不仅涉及社区层面的邻避空间生产，还同时涉及城市空间发展要素在城市转型中的配置与效能实现，以及城镇化转型发展进程中的城市社会融入和身份认同。

（二）治理策略与工具考察

邻避型空间冲突的治理离不开治理工具的应用。对这一问题的考察，在"空间"的逻辑嵌入下，呈现两个方面的研究特征。

一是以邻避空间生产为纽带，考察治理工具的应用及其效能实现的空间作用机制。一方面，既有研究关注多重治理路径下多元化治理工具的选择。对治理工具进行的类型学研究，从不同分类标准出发对治理工

---

① 高新宇：《邻避运动中虚拟抗争空间的生产与行动——以 B 市蓝地社区为例》，《南京工业大学学报》（社会科学版）2017 年第 4 期。

具进行划分，构建了具有整合性和借鉴意义的治理"工具箱"，提供了富有价值的研究基础（见表2-3）。进而，邻避研究对于具体的治理工具应用也有所关注。王佃利、徐晴晴开展的一项早期研究分析了邻避研究的路径分化和相应的治理工具，认为针对邻避现象的治理涉及冲突管理、民主政治、公共政策、风险管理、空间规划等议题领域，不同领域都提供了独特的分析逻辑，涵盖了利益补偿、决策参与、意见协商、信息公开、监管等多样性的治理策略。[①] 孟薇、孔繁斌的研究则探讨了公众参与的制度性政策工具、环保回馈的激励性政策工具以及责任强化的内部监管工具的应用和实现。[②] 另一方面，既有研究逐渐关注治理工具作用的空间效应。当前对城市问题的治理研究中，"只有空间规划中的一些政策措施聚焦到具体的物质空间，其他的社会政策、经济政策中对空间的关注微乎其微"。[③] 因此，对邻避型空间冲突的治理，意味着考察具有空间性的治理工具在城市邻避空间生产中的治理应用，以及关注治理工具所具有的空间效应与空间逻辑。

表 2-3 治理工具的主要分类

分类依据	特征描述	工具类型举例	研究代表学者
资源	所耗费的政府资源	信息、权威、组织、金钱等	胡德
活动方式	治理活动所采取的方式	津贴、支付、贷款、保险、设备、服务、调查等	美国联邦家庭资助目录
组织体系	提供物品和服务的组织	执行机构、半独立机构、地方政府、银行、保险公司、工业公司、医院、大学、研究机构等	萨拉蒙

---

① 王佃利、徐晴晴：《邻避冲突的属性分析与治理之道——基于邻避研究综述的分析》，《中国行政管理》2012年第12期。

② 孟薇、孔繁斌：《邻避冲突的成因分析及其治理工具选择——基于政策利益结构分布的视角》，《江苏行政学院学报》2014年第2期。

③ 张洁、于涛：《共享汽车影响下的城市空间治理应对研究——以南京为例》，《现代城市研究》2018年第10期。

续表

分类依据	特征描述	工具类型举例	研究代表学者
权威的运用程度	对标的群体的约束程度	管制、协议、信息等	艾兹奥尼
直接性	政府干涉的程度	政府管制、经济诱因、市场、志愿性组织等	
制度安排	参与治理之不同主体之间的关系模式	政府、政府间协议、合同外包、出卖产权、志愿性团体、市场等	萨瓦斯 奥斯特罗姆
自主性	利用其他社会机制的程度	管制、税收和罚款、许可、可交易的许可、信息、市场机制等	萨拉蒙等

资料来源：张璋：《理性与制度：政府治理工具的选择》，国家行政学院出版社 2006 年版，第 82 页。

二是不同邻避空间生产情境在治理路径、策略和工具选择中的差异性。邻避现象在跨行业、跨专业等方面所呈现出的渗透性，使其成为多元学科领域共同关注的问题，也由此成为涵盖多重治理路径、多元化治理策略与多样性治理工具的内在统一体。但事实上，当前研究"对邻避问题的关注点仍较宏观，对具体领域的邻避设施建设研究较为薄弱"① 的特点，在很大程度上制约着我国邻避治理的推进。由此，立足于具体的邻避情境，考察不同情境下治理选择的差异性，就成为当前邻避治理重要的研究面向。如胡象明等学者就对此予以关注，构建了基于邻避治理整体性思维与类型化思维相结合的治理框架，识别了不同类型邻避设施带来的差异化治理情境，以及各自在事前、事中、事后等环节的治理策略侧重点。② 此外，靳永翥等学者在政府的危机应对过程中，考察并识别了信息类工具、管制类工具、经济类工具等政府治理工具，在危机应对不同阶段的差异性使用和糅合性使用。③ 而邻避空间的生产也

①　孙涛、丁美文：《国外"邻避"冲突研究的理论流变及学术动态》，《上海行政学院学报》2017 年第 4 期。

②　胡象明、杨正、刘浩然：《中国式邻避治理的整体性与类型化思维的系统比较》，《城市问题》2019 年第 11 期。

③　靳永翥、李春艳：《危机何以化解：基于危机公关的政府工具研究——以环境型邻避事件为例》，《北京行政学院学报》2019 年第 6 期。

存在多种差异化的情景，不仅意味着多元空间主体间治理关系、空间抗争逻辑的差异，也指向不同情境下具体治理路径、策略与工具的差异化选择。

第四节　情境类型："增量型"与"存量型"的邻避空间生产

对邻避现象的类型学划分，既是邻避研究的重要内容之一，也是邻避治理实践的重要基础。"空间"超越了冲突风险的背景和场域而成为原因本身，邻避空间生产的不同情境及其差异性的空间特征，深刻影响了邻避型空间冲突内在的发生机理、风险演化和治理策略。

一　基于产权关系的邻避空间生产情境

面向品质化发展和现代化治理，城市空间的开发利用，既要注重城市基础设施和公共服务设施的建设，弥补城市落后区域内基础设施和公共服务的供给滞后，提升城市整体的公共服务品质，同时又要注重城市既有发展要素的空间布局优化和功能协调。这一转型过程中，邻避设施的建设和运营存在着两种明显不同的情境。一方面，由于城市转型发展对高品质城市公共服务的需求，大量具有邻避效应的公共设施项目将成为城市建设的重要内容；另一方面，既有城市发展要素及相关设施，由于公众环境意识和权利意识的提升，自身的邻避效应随着城市发展、人口集聚而被逐渐激发，并被公众觉察和感知。

这表明，从空间状态上看，邻避空间生产存在"增量型"与"存量型"两种不同的情境。"增量型"的邻避空间生产主要表现为邻避设施的新建规划与建设活动，以及由此形成的地方邻避空间，而"存量型"的邻避空间生产则主要表现为已经投入运营的既有设施向"邻避设施"的逐渐显现，以及由此形成的地方邻避空间。有研究从邻避属性的呈现上，对"建成运营设施"和"规划立项中的未运行设施"进行分析，认为前者主要带来对自然环境的既有破坏，进而直接或间接影响居民生命健康，而后者则还包括居民主观感知的各类风险，同时，当前的邻避行动主要针对规划立项中的邻避设施展开。[①]

"规划中未运行"和"建成运行"的邻避设施，实际上反映了邻避空间生产的路径差异。而"增量型"和"存量型"两种邻避空间生产的情境，其区别不仅在于邻避效应在地方上的直观表现形式，更在于不同空间利用方式中的产权关系，"在空间权转换方面，由于初始产权状态的不同，交易方式和交易成本则完全不同，这是存量规划与增量规划的本质差别所在"。[②] 建设用地使用权的客体主要限于国有的土地，除了划拨的土地以外，建设用地使用权的取得必须通过出让、转让、出租的方式进行。[③] 对于以公共服务附加为代表的新建邻避设施而言，在程序上主要涉及政府和企业之间的空间权转换；对于运营中的生产企业和公共设施为代表的既有邻避设施而言，空间权则在政府部门、地方公众、设施运营方等多元主体之间呈现出复杂的权利关系。空间权关系的不同表现，使得不同邻避空间生产情境下，多元主体的空间关系存在差异，进而不同情境下，空间概念的建构、邻避行动的动机和程度，以及相应的治理选择都有所差异。

二　"增量型"邻避空间生产及其冲突风险

（一）"增量型"邻避空间生产的情境表现

"增量型"邻避空间生产，基于以推进地方空间上的公共服务嵌入为主要指向的"增量规划"，从政策层面主要表现为新建公共服务设施的项目决策。由于当前邻避设施类型日益多元，城市转型发展中大规模的公共设施建设，必将面对日益增加的邻避效应挑战。正如有研究指出的，涉及邻避现象的城市建设用地类型广泛（见表2-4）。

---

① 涂一荣、魏来：《"邻避"研究的概念谱系与理论逻辑——文献梳理和框架建构》，《社会主义研究》2017年第2期。

② 邹兵：《增量规划向存量规划转型：理论解析与实践应对》，《城市规划学刊》2015年第5期。

③ 汪晓华：《物权法分则研究》，合肥工业大学出版社2018年版，第163页。

表 2-4   主要建设用地类型与附着邻避公用设施

序号	用地类型	主要邻避公用设施
1	区域公用设施用地（H3）	区域性能源设施、通信设施、广播电视设施、殡葬设施、环卫设施、排水设施等。如：区域性火电站、核电站、变电站
2	供电用地（U12）	变电站（500kV、220kV、110kV） 高压输电线路（550kV、220kV、110kV）
3	供燃气用地（U13）	分输站、门站、储气站等
4	供热用地（U14）	集中供热锅炉房、热力站、换热站等
5	通信设施用地（U15）	移动基站等
6	广播电视设施用地（U16）	发射台、转播台、差转台等
7	排水设施用地（U21）	排水泵站、污水处理厂等
8	环卫设施用地（U22）	垃圾焚烧厂、垃圾填埋场、垃圾综合处理厂、垃圾粪便码头、垃圾转运站、小型垃圾压缩收集站等
9	环保设施用地（U23）	危险废物、医疗废物处置场等

资料来源：欧阳丽：《城市总体规划环境评价模式：从"分离"走向"互动"》，同济大学出版社 2014 年版，第 208 页。

从城市空间生产的过程看，"增量型"的邻避空间生产往往同城市的更新密切相连，即通过有计划的设施建设，对城市区域不适应现代生活的功能部分进行调整和升级，以满足日新月异的城市发展需求。城市快速发展中往往凸显出公共服务供给同公众公共服务需求间的失衡。在城市品质化发展进程中，城市更新所推进的空间改造和功能优化，在很大程度上就表现为新建公共设施以满足地方公众的生活需求，增进其生活品质。

在这一意义上，"增量型"邻避空间生产的情境主要涉及地方公共服务空间的生产。目前影响较大的一种类型学研究，将邻避效应区分为"污染类""风险集聚类""心里不悦类"和"污名化类"，而正如上表所显示的，在各类城市建设用地上附着的邻避设施中，邻避效应集中表现在"污染类"和"风险集聚类"两种类型中。

（二）"增量型"邻避空间生产中的空间冲突风险

推进城市基础设施和公共服务设施的广泛建设，提升城市公共服务供给的普遍性、可及性、多样性、充分性，是推进充分、平衡发展，满足人民对美好生活向往的必由之路，这意味着在"增量型"邻避空间生产情境中，治理的落脚点在于"发展"，邻避空间生产中的冲突风险必须在决策的前置环节就予以预见、识别、分析和主动回应，而非在决策风险引发实际抗争行动后被动应对，即从"末端应对"转向"前端回应"。具体而言，"增量型"邻避空间生产及其冲突风险主要表现在以下四个方面。

其一，"增量型"邻避空间生产反映了城市邻避现象的最主要形式。近年来，无论是见诸报端、产生较大影响力的邻避事件，抑或是只在社区层面引发短暂、小规模不满的邻避事件，绝大多数都是由新建公共设施的规划决策引发。此类事件累计数量多、发生频率高、设施类型多。从长远看，面对城市转型中公共服务平衡、充分、高质量发展的现实需要，尽管诸多公共服务设施难以避免地存在一定程度的邻避效应，但其建设需求和建设任务实际上是无法回避的。因此，无论是现阶段的现实情境还是长远的发展面向，"增量型"邻避空间生产中的冲突风险都是地方政府主要的治理焦点。

其二，"增量型"的邻避空间生产及其冲突风险表现出基于特定时间和事件节点的"截面"特征。为了满足城市人口增加所带来的空间资源需求，地方政府通过建设规划与行政决策的方式，针对既定空间推进新空间要素的投入与建设，由此在一种"激变式"的城市发展中实现空间资源的再配置，引发既有空间秩序的变动。因而，设施建设决策的公布和知悉，往往是在这一情境下触发邻避型空间冲突的重要节点。无论是否进行了有效的风险预判，地方政府对于决策发布后可能面临的阻力，必须做好充分的应对准备。

其三，从空间主体的利益结构上，"增量型"邻避空间生产主要涉及地方政府和建设者之间的空间权转换，因此公众的不满往往直接而明确地指向空间权转换的决策过程，邻避行动主体的结构也较为明确。

其四，与冲突的"截面"特征相应的，则是在"增量型"邻避空间生产的宏观情境之下，由不同设施所引发的邻避型空间冲突，在其具体的行动动机、行动指向、行动方式、应对策略等方面呈现出一定的差异性，这不仅增加了城市治理者在回应冲突时的治理难度，也使得实践中邻避治理的结果评价标准更加复杂。因此，对于"增量型"邻避空间生产情境的考察，需要建立在反映不同设施类型、行动路径、治理结果的代表性事件间的比较分析基础上，挖掘不同诉求焦点下差异化的行动特征，从而识别"增量型"邻避空间生产及其冲突的主要逻辑。

三 "存量型"邻避空间生产及其冲突风险

（一）"存量型"邻避空间生产的情境表现

"存量型"邻避设施空间生产主要是对城市空间发展要素和资源配置的"存量优化"。随着城市发展过程中人口、资源、环境等要素的变化，设施本身所具有的负面影响逐渐显现和激发，管理者从而主要针对城市产业空间和既有设施布局的存量进行优化调整，以推动城市发展资源的配置优化和功能协调，这在政策层面主要表现为对现有运营设施的监管防控。吴云清等学者对城市中殡葬邻避空间变迁轨迹的考察，描述了既有城市公共服务设施如何在城市发展中，随人口集聚其邻避效应不断放大进而被迫空间转移的现象。从地理空间的角度，邻避设施表现为"市区—近郊—远郊—农村"的空间变迁轨迹，而最初的邻避空间则经历了"产生—挤压—协调—消亡—再生"的空间演变历程。① 这一历程实际上反映了城市内部邻避设施在其空间配置不断优化的过程中，推动邻避空间进行"存量型"生产的过程。

从城市空间生产的过程看，"存量型"邻避空间生产往往伴随着城市的扩张与蔓延。随着城市的发展，城市居住和生产生活区域不断扩大，逐渐集聚的人口往往使得利益相关群体的规模扩大、动员能力增强，其对地方环境的诉求更容易得到有效整合和集中表达。而与此同时，既有设施的环境影响则伴随着城市扩张，其影响群体日益广泛，后者的环境敏感性也日益提升。由此，既有设施所带来的潜在负面地方影响，随着

---

① 吴云清、翟国方、詹亮亮：《城市邻避空间及其演变轨迹——以南京市殡葬邻避空间为例》，《人文地理》2017 年第 1 期。

城市扩张、蔓延不断显现，引发邻避空间的"存量型"生产，并成为当前城市发展中逐渐显现的趋势。

在当前城市转型发展的实践中，"存量型"邻避空间主要表现为以化工企业为代表的传统产业空间。相关产业设施一方面是城市可持续发展中产业结构优化调整的重要对象，另一方面也成为城市生产安全风险集中的场域。近年来，以化工企业为主的城市安全事故，加剧了公众对于此类设施的邻避效应感知，成为典型的"存量型"邻避设施空间生产情境。同"增量型"邻避空间生产有所区别的是，这一情境下的邻避空间往往是环境污染、安全风险等邻避效应的综合显现。设施日常的运营随着人口和活动的集聚而使得自身环境风险逐渐扩散，异常的运营事故则使人身安全风险集中显现。

（二）"存量型"邻避空间生产中的空间冲突风险

由于"存量型"邻避空间生产涉及在城市转型进程中对既有空间要素持续、动态的优化配置，设施的建成并不等于治理的终点，设施建成后的运营仍需要管理者给予持续的关注，对于其可能的风险予以动态的监测、预警和回应，即从"末端建成"向"后端运行"拓展。具体而言，这一情境下邻避空间的生产及其冲突风险同样表现在四个方面。

其一，"存量型"邻避空间生产反映了当前需要予以关注的新情境和新趋势。一方面，在城市发展的进程中，人口集聚、公众环境敏感性和权利敏感性日益提升，使得城市居住和生活空间向既有设施运营空间的包围，以及设施运营空间向地方邻避空间的转变，成为城市发展中日益显见的发展趋势，这意味着公众对于城市生活品质的需求，愈发容易指向对于既有设施负面影响的抵制。另一方面，"存量型"邻避空间生产涉及的代表性设施，与近年来频发的生产安全事故密切相关，对地方政府而言，这意味着需要拓展以往对于相关事故的处置思路，不仅是对突发事件的应急处置，同时也需要关注事故发生是否激化了公众抵制设施运营、寻求转变地方空间秩序的"邻避情结"。

其二，"存量型"邻避空间生产呈现出伴随城市发展"时间线"而逐渐演化的"历时性"特征。随着城市建设的推进、空间规模的扩张和人口的增加，空间要素以一种"自然演变"的方式实现再配置，由此引发空间要素关系的变动，要素间潜在的紧张关系也由此被引发。

其三，从空间主体的利益结构上，设施本身长期对其运营空间的占有和使用的事实，使得空间主体的利益关系十分复杂，不仅周边居民对地方居住空间、公共空间和地方环境的空间权，内在嵌入"存量型"邻避空间生产中的空间权体系中，而且邻避设施对其运营空间的利用也反过来嵌入居民日常生活对地方空间的利用之中，从而多元空间主体围绕设施本身的运营形成了广泛和复杂的空间关系。

其四，与这一情境下冲突风险的"历时性"特征相对应的，则是既有设施在城市空间演化的较长时间进程中，其运营活动的环境排放、安全风险等负面影响逐渐发展成为影响地方公众居住、生活的"邻避效应"，从而逐渐作为"邻避空间"被察觉、感知、抵制。因此，有别于"增量型"邻避空间生产情境下在不同事件中差异化的诉求聚焦，"存量型"邻避空间生产带来的治理挑战，则在于伴随城市发展，设施的运营如何逐渐演变为地方上的邻避空间而被公众所建构，空间冲突风险何以发生并升级。因此，对"存量型"邻避空间生产情境的考察，意味着从"历时性"的时间脉络出发，在关注个案的基础上，分析在不同的发展阶段和典型节点下，设施的运营如何逐渐演变为邻避空间，其中的冲突风险如何形成并逐渐升级。

第五节　演化维度：邻避空间生产中的认知与行动

作为城市转型中的空间冲突风险的典型表现，邻避型空间冲突同样聚焦于"谁的空间"这一关键问题，并沿着"生产出怎样的空间"的认知维度和"怎样生产空间"的行动维度展开。

一　邻避空间概念建构中的认知分歧

"风险社会"理论深刻转变了人们对风险的认识，区分了客观技术理性的风险概念与主观建构的风险概念，管理者和地方公众之间倾向于建立不同的风险认知。由此，对公众邻避情结的分析从原先基于价值和道德立场的评判，转变为对差异性认知模式的考察，即差异性的空间概念是如何形成的。在此基础上，颜昌武等人认为，不同的风险建构方式背后反映了专业知识和地方性知识两种差异性的知识生产模式。[①] 这一认知差异隐喻着城市空间生产中权力和资本运作逻辑。多元主体差异化的立场，实际上是以邻避设施为纽带，权力、资本塑造的同质化空间，与公众差异化、地方性空间概念之间的分歧，从而将邻避事件中的空间实践寓于"空间的表征"与"表征的空间"的冲突场域之中。[②] 从地方空间概念的差异化建构，到空间概念的共识缺失，再到城市身份的认同风险，各主体间的认知分歧使得邻避空间生产中的冲突风险逐渐累积。

一是多元主体差异化的空间建构。从"空间实践"看，邻避现象源自空间要素再配置引起的地方空间秩序变化，改变了地方公众同周边环境之间的空间关系，转变了地方公众既有的生活方式与社会关系，变革着公众的空间体验与空间想象。从"空间的表征"看，地方政府和设施建设者、运营方，试图建构起一种发展与和谐的积极的"空间的表征"。他们诉诸设施所创造或即将创造的地方效益，以及有限、可控且安全的负面影响，并努力让公众接受这一空间建构。从"表征的空间"看，无论是新建设施邻避属性引发了地方公众对未来地方空间的焦虑，还是既有设施邻避属性运营带来了环境污染与安全威胁的消极空间体验，公众所建构出的空间概念都与管理者、建设者、运营方建构的空间概念有着明显差异。

二是多元主体间空间概念的共识缺失。在城市增长中，地方管理者

---

① 颜昌武、许丹敏、张晓燕：《风险建构、地方性知识与邻避冲突治理》，《甘肃行政学院学报》2019 年第 4 期。

② 朱正威、吴佳：《空间挤压与认同重塑：邻避抗争的发生逻辑及治理改善》，《甘肃行政学院学报》2016 年第 3 期。

运用具有强制性色彩的行政权力，以决策推进和政策支持，保障邻避设施的建设、运营；设施建设者、运营商则以强大的资本力量，在设施建设、运营过程中提供物质保障。管理者、建设者和运营方推动自身建构的空间表征上升为一种主导性的空间概念，而地方公众只能通过行动表达不满，施加治理压力以表达自身所建构的空间概念。邻避效应由此从差异化的空间概念建构升级为共识的缺失。

三是城市发展中的身份认同风险。对地方公众而言，邻避设施的双重效应，实际上是公众在行政权力、资本力量等空间权力影响下承担区域增益背后的风险和成本，从而形成相对剥夺感。相对剥夺感的不断积累则可能削弱公众对所居住城市的身份认同和归属感。

二　邻避空间生产过程中的主体行动

围绕"如何通过邻避设施建设生产出地方空间"这一问题，多元主体在权力、权利和价值三个层面采取行动。

在权力维度，"增长联盟"与"社群联盟"之间的权力互动是邻避型空间冲突中突出的权力表现。前者以地方政府与邻避设施建设、运营方为主体，侧重于邻避设施区域效益对城市空间"交换价值"的促进；后者则以地方公众为主体，关注于邻避设施负面影响对城市空间"使用价值"的损失。[①] 在此基础上，多元主体彼此争取专家学者、社会组织、意见领袖、新闻媒体等第三方社会力量支持，以拓展自身的权力空间，在邻避空间生产过程中施加影响力。在这一过程中，地方政府的权力运作，往往成为空间冲突的触发点，也是公众邻避行动的主要指向，"政府作为决策权力主体的重要一方，通过制定和实施决策来决定空间生产，所以空间生产可看作政府决策作用下的产物"，[②] 对政府权力运作方式的重塑也是空间治理的关键环节。换言之，邻避空间生产中的政府行为，以及多元空间主体的权力运作与权力互动，是促进邻避治理的重要切入点。

---

① 王佃利、王玉龙、于棋：《从"邻避管控"到"邻避治理"：中国邻避问题治理路径转型》，《中国行政管理》2017年第5期。"社群联盟"概念及其详细论述参见杨宏山、李娉：《城市治理中的双重联盟与冲突解决》，《学术研究》2018年第5期。

② 刘晶晶：《空间正义视角下的邻避设施选址困境与出路》，《领导科学》2013年第2期。

在权利维度，空间权益是邻避设施空间生产的重要内容。列斐伏尔（Henri Lefebvre）认为这一权利是一种"进入城市的权利"，哈维（David Harvey）将其解读为一种"改造城市的权利"。邻避设施的空间生产内蕴了权利空间、资源空间、机会空间、情感空间四类"空间"和空间权益形式，涵盖了实现公民权利，公平享有区域发展成果、寻求身份认同等多层次的空间诉求。[①] 邻避空间以空间权为纽带，附着经济权、环境权、政治权等多元化的权利形式之下的权利博弈。[②] 总的来说，空间权益涵盖了多层次、多面向的复杂空间诉求。值得关注的是，这些复杂的空间诉求的指向与表达，不仅影响着邻避型空间冲突的复杂性，同时也内在地要求多维度、多层次的治理指向。

在价值维度，邻避现象往往伴随着公众对发展价值偏离的感知。空间生产视角下的邻避研究，多将其解读为由于权力运作失衡和权利剥夺感等因素而形成的针对城市"空间正义"的价值抗争。甚至某种程度上，"邻避冲突的发生与邻避设施供给失败的本质是由于对'空间正义'内在逻辑的违背"。[③] "正义"本身就具有高度的复杂性，被赋予了多元的、复杂的乃至对立的解释。因而值得关注的是，邻避行动的主体如何对"正义"价值进行话语构建。

第六节　分析框架：发生情境、演化维度
与治理面向

如前所述，邻避设施的建设和运营，基于其所产生的双重空间影响、

---

① 王佃利、刘洋：《空间剥夺感在公众空间保护行为中的作用——基于邻避事件中公众话语的探索性研究》，《理论探讨》2020 年第 1 期。

② 侯光辉：《公众参与悖论与空间权博弈——重视邻避冲突背后的权利逻辑》，《吉首大学学报》（社会科学版）2017 年第 1 期。

③ 杨磊、陈璐、刘海宁：《空间正义视角下的邻避冲突与邻避设施供给要件探析——以武汉某临终关怀医院抗争事件为例》，《华中科技大学学报》（社会科学版）2018 年第 1 期。

主客观空间体验，形成了多元主体间的空间关系，实质是城市邻避空间的生产。这一过程中，基于不同空间利用方式以及其中差异化的产权关系，邻避空间的生产主要可以分为"增量型"和"存量型"两类具体情境，这是空间冲突发生的起点。针对邻避空间的生产，多元空间主体围绕"谁的空间"这一问题采取行动进而形成空间冲突。这一冲突主要包括"生产怎样的空间""怎样生产空间"两个相互联系的议题。多元主体在邻避空间概念建构中的认知分歧和空间生产过程中的行动张力，成为邻避型空间冲突风险生成、演进中的主要维度。邻避现象的治理则是在这一情境下试图通过治理路径的设计、治理策略的选择和治理工具的运用，寻求多元主体之间的空间平衡（见图2-2）。

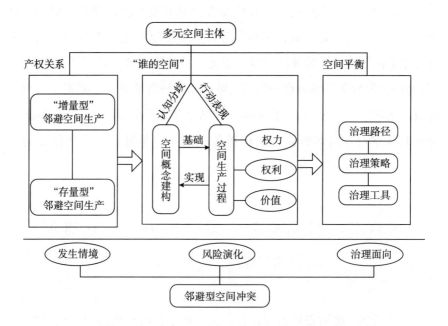

图 2-2　基于空间理论的城市邻避现象解释框架

资料来源：笔者自制。

第三章 "增量型"邻避空间生产中的
冲突风险与治理回应

由于提升城市公共服务规模和品质的发展要求，增量规划成为当前最主要的邻避空间生产方式。通过设施的规划建设决策，地方管理者将邻避空间嵌入既有的地方空间尺度和空间社会结构之中，公众的不满亦由此而起，设施因其邻避属性在规划建设阶段就遭到抵制。同时，实践表明，在不同事件中，公众的具体诉求有所差异，政府采取的治理举措及其实践结果也显著不同。

第一节 案例选择与资料收集

在"增量型"邻避空间生产情境下，"污染类"和"风险集聚类"作为邻避现象的高发领域，[①]反映了设施由于显见、持续的环境污染或存在可能造成严重损失的安全风险而引发公众不满。不同类型设施所引发的事件，在空间形态、公众诉求焦点、治理举措、治理结果等方面存在差异。因此，对这一情境的研究采取多案例的比较分析。

一 案例选择的依据

在聚焦邻避现象高发领域的基础上，本研究从两个方面考虑，选择典型性案例。一是基于"增量型"邻避空间生产情境的风险演化维度，案例应从整体上涵盖权利维度、权力维度和价值维度这三个主要的空间

---

① 张瑾：《邻避冲突的国家治理》，《江苏行政学院学报》2017 年第 2 期。

冲突面向，并在各案例中分别有所聚焦，从而充分呈现不同维度下的公众行动特征；二是基于治理的结果，尽管总体上邻避治理结果大致可以分为"建成"与"暂停"，但进一步考虑，不同结果在实践中仍具有潜在、复杂的后续影响。因此，案例应在整体上涵盖这两类结果的同时，呈现具体差异。基于以上考虑，根据前期经验资料和研究基础，本研究选择四起代表性事件进行考察和分析。

一是某市生活垃圾综合处理厂项目（以下简称"E 垃圾处理厂"）。该厂建于 2010 年前后，自项目建设启动，周边居民便一直在争取补偿。通过对居民进行经济补偿，项目得以建设，并由此维系着偶发不满但整体相对平衡的运营状态。

二是某市的垃圾焚烧发电项目（以下简称"C 垃圾焚烧发电厂"）。该项目启动于 2006 年前后，起初因其负面环境影响，引发周边居民围绕知情、参与等方面的焦虑，而随着政府主动推进参与式决策与信息公开，该项目逐渐获得公众的认可与接受，成为化解城市邻避现象的成功案例。

三是某小区的通信基站建设事件（以下简称"Y 基站"）。冲突集中爆发于 2019 年，小区内新建通信基站遭遇居民的不配合，其后运营商宣布停止基站建设和通信服务供给，并进而导致了小区内部的群体分化。

四是某小区周边的 220KV 变电站建设项目（以下简称"J 变电站"）。该冲突风险集中爆发于 2018 年，周边小区的居民与附近学校的师生家长，得知建设变电站一事后进行抵制，使得项目暂停。

二　案例的结构特征

在这些案例中，邻避型空间冲突的具体情境各不相同，公众诉求指向与治理焦点也各异。这为城市"增量型"邻避空间生产及其冲突风险的考察提供了具有价值的现实素材。

从设施类型上，四起事件中，由"污染"和"风险集聚"所引发的邻避效应各有两起。其中，E 垃圾处理厂和 C 垃圾焚烧发电厂涉及城市生活垃圾处理领域，主要表现为由环境污染引发的邻避效应；Y 基站和 J

变电站分别涉及城市通信和城市供电，主要表现为安全风险集聚所引发的邻避效应。

从诉求指向上，通过对前期案例的简要梳理分析，四起案例分别侧重了不同的维度。两起垃圾处理设施引发的冲突都主要侧重于权利维度，但具体而言，E 垃圾处理厂主要反映了公众在经济动机下的权利诉求，C 垃圾焚烧发电厂主要反映了公众在参与动机下的权利诉求。此外，Y 基站则主要反映了权力维度的空间诉求，J 变电站则主要呈现了在价值维度的诉求。

从结果指向上，四起案例在总体上各有两起分别反映了"建成投入运营"和"项目建设停滞"两种结果，但具体而言又分别反映了四种不同的治理状态。在"建成投入运营"的两起事件中，E 垃圾处理厂主要表现为以补偿维系利益主体之间的动态平衡，而 C 垃圾焚烧发电厂则实现了同城市空间、周边居住空间的根本性融入。在"项目建设停滞"的两起事件中，Y 基站的停建反而激发地方公众对相关服务的生活需求，后者开始寻求项目的重新建设，换言之，尽管项目处于停滞状态，但邻避空间生产的主动权已掌握在地方政府和建设运营商手中；J 变电站则受制于地方公众的阻力而短期内处于僵持的状态。

四起事件的案例简况特征如表 3-1 所示。

表 3-1　　　　　　　　　　案例简况

名称	时间	效应	行动诉求	处置结果	治理状态
E 垃圾处理厂	2010—2019 年	污染	经济权利	建成	维系利益平衡
C 垃圾焚烧发电厂	2006—2008 年	污染	参与权利	建成	市区有效融入
Y 基站	2019 年	风险	权力抗争	暂停	居民立场转变
J 变电站	2018 年	风险	价值质疑	暂停	僵持等待沟通

资料来源：笔者自制。

第二节 "增量型"邻避空间生产情境 与路径特征

城市建设规划推动了新建设施的空间嵌入，使得地方既有的空间结构与空间秩序产生激变。这些案例具体的建设过程，反映了增量规划推动下，邻避空间向地方嵌入的路径特征。

一 各案例中城市邻避空间生产的情境

（一）E 垃圾处理厂的邻避空间生产过程

E 垃圾处理厂于 2010 年 3 月开工建设，一年半后投入稳定运营，在当时是省内最大的垃圾焚烧发电厂，也是市区在很长一段时间内仅有的一座生活垃圾处理厂。垃圾处理厂所处空间位置如图 3-1。因同周边村落相邻，该处理厂引发了周边村民的不满。尤其是 2015 年周边村民为获得合理补偿所采取的行动，产生了较大影响。随着多元化经济补偿的落实

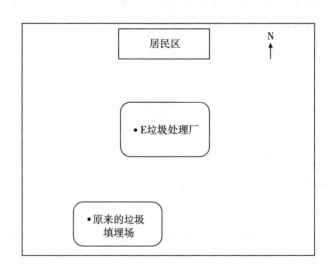

图 3-1 E 垃圾处理厂的空间位置示意

资料来源：笔者自制。

以及合理的运营监管等举措,该厂同周边村民形成了相对稳定的利益平衡状态。直到 2019 年,市政府做出决策,对当地进行空间更新,对垃圾处理厂周边村民进行了集中的征收安置,邻避型空间冲突由此告一段落。

(二)C 垃圾焚烧发电厂的邻避空间生产过程

C 垃圾焚烧发电厂建设于 2006 年。当时,城市面临传统露天填埋焚烧等生活垃圾处理方式所带来的环境污染,为提高城市环境质量,优化城市垃圾处理方式,市政府决定建设 C 垃圾焚烧发电项目。该项目起初同样遭到周边居民的抵制,地方政府和企业通过有效的开放沟通、环境回馈与运营监管等举措,化解公众质疑,项目于 2008 年成功建设,并同周边居民、企业和谐相处,随着城市的发展,目前该项目已在市区中同十余万居民为邻。该垃圾焚烧发电厂所处空间位置如图 3-2。

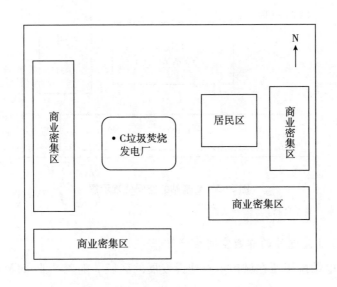

图 3-2 C 垃圾焚烧发电厂的空间位置示意

资料来源:笔者自制。

(三)Y 基站的邻避空间生产过程

Y 基站所在小区西侧临堤,此处原建有通信基站。2019 年,由于在城市建设规划中需对小区西侧的大堤进行改造,改造规划中要求对当时唯一使用的西侧基站进行拆迁。由于当地居民区密集，经过考察分析，通信公司计划在小区物业楼北侧新建景观塔，但建设规划出台后遭到部分小区业主坚决反对，并多次协商沟通无果。2019年7月，移动、联通、电信、中铁等企业联合发布公告，宣布暂停在小区建设通信基站的努力，同时由于大堤改造开始，小区居民面临没有信号的生活现状。小区居民随后出现了明显的立场分化，多数居民表态支持基站建设，还有部分居民表示之前一直未知情，同时仍有部分居民持反对态度。Y基站所处空间位置如图3-3。

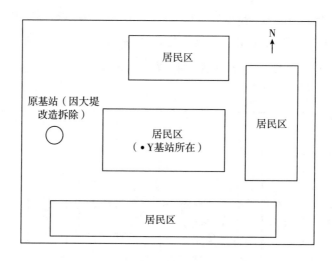

图3-3 Y基站的空间位置示意

资料来源：笔者自制。

（四）J变电站的邻避空间生产过程

J变电站位于所在城市重点建设发展的区域。随着产业布局深化和人口规模的增加，当地的供电负荷快速增加。在2016年，供电公司拟在此处增建220KV变电站，并委托专业机构于当年6月完成环境影响评价报告，并于2017年初公示完毕得到批复。2018年8月该项目的建设用地规划许可手续办理完毕后进行公示并开工建设。但项目随即遭到周边多小区及学校的居民、师生家长反对，而后项目暂停。该变电站所处空间位置如图3-4。

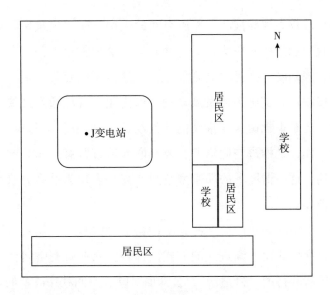

图 3-4 J 变电站的空间位置示意

资料来源：笔者自制。

二 城市发展中"增量型"邻避空间生产的路径特征

部分新建设施由于本身所具有的邻避属性，其空间利用内在地成为一种"邻避空间"的生产。这一过程重塑了既有的空间资源配置，使得原有空间内的空间主体利益结构、生产生活方式、社会关系等发生了明显的变化，进而引发公众的不满，如图 3-5。在这一过程中，"增量型"邻避空间的生产路径具体呈现出两个特征。

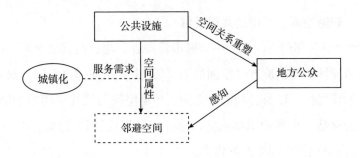

图 3-5 "增量型"邻避空间的生产路径

资料来源：笔者自制。

一是行政权力主导推动了邻避空间的生产。在"增量型"邻避空间生产中,政府利用行政权力推动空间建设,这往往是空间重塑的直接力量。其中,规划既是必要的决策程序,也是主要的建设举措。无论是政府部门直接制定、实施区域发展规划,以优化配置城市发展要素与公共服务资源,还是审批由企业推动的建设项目,都是以规划为典型手段的行政权力运作,是推进空间资源、要素嵌入地方既有空间结构中的主要力量。因而,这一情境下的邻避型空间冲突多表现为社会力量同行政权力之间的博弈。

二是邻避空间的建构主要表现为主体的空间想象。"增量型"邻避空间生产,以突变式而非渐进式的方式,打破公众在既有空间秩序与长期生活体验中所获得的"舒适区",公众面对既有空间秩序改变的现实,想象未来的空间秩序,容易形成焦虑与不安心理。通过多案例的考察发现,空间冲突风险往往发生或升级于新建项目的规划与建设初期,这一节点既是在程序上确认了通过行政权力推进当地空间秩序重塑,也在实践上引发地方公众重塑空间想象与主观感知。

第三节 "增量型"邻避空间生产中的冲突风险演化

一 邻避空间生产中的共识断裂

"增量型"邻避空间生产中,城市管理者、建设运营企业等空间主体基于技术理性建构出地方"空间的表征",主要指向邻避空间为纽带的城市资源配置优化,以及公共服务空间、环境空间与居住空间的功能和谐。而地方公众基于自身知识形成空间感知,并以此建构出地方"表征的空间",指向对地方空间生产的焦虑。

(一)建构"空间的表征":资源优化与和谐共存的空间期望

在"增量型"邻避空间生产中,对地方管理者、设施建设企业、设施运营企业等空间主体而言，其建构的空间概念首先建立在优化地方公共服务、提升发展水平的技术预期之上。多案例研究发现，在城市管理者与运营方所提供的规划建设正式的论证材料、审批文件、正式公告等官方资料中，这一空间预期得到了普遍性的描述和构建。地方管理者和企业试图论证当前地方公共服务存在的空间缺失，并基于项目效能技术参数论证设施对于区域发展和空间使用者生活质量提升的积极意义（见表3-2）。

表3-2　　　　　　　　　公共服务优化的空间话语构建

设施类型	代表性话语构建	话语来源
E 垃圾处理厂	项目投产后可日处理生活垃圾 2000 吨。年可发电 2.7 亿度，年可上网 2.1 亿度，相当于节约标准煤 8 万吨，可满足 10 万户城市居民一年的日常用电	新闻报道
C 焚烧发电厂	项目原址是一所环境卫生综合厂，该厂存在垃圾露天堆放、垃圾焚烧工艺落后等技术和管理问题，对周边环境产生了负面影响	新闻报道
Y 基站	面临堤坝改造规划中的现有唯一通信基站的搬迁，新建通信基站对于保障小区信号则是必要的	新闻报道
J 变电站	从 2014 年至 2019 年，区域最大负荷将从 480MW 增加到 840MW，220KV 容载比将从 1.44 变为 1.57，仅靠现有 220KV 变电站已不能满足负荷快速增长下的安全供电要求	环境影响报告表

资料来源：笔者自制。

地方管理者和企业建构的空间概念，还指向城市公众和城市空间资源之间和谐共存的空间期许。对于以地方公众为主的身处变动秩序中的空间主体而言，"增量型"邻避空间生产对地方空间秩序的突然改变意味着"打破舒适区"的不稳定，因而建构一个"和谐共存、协同运转"的空间概念对于管理者和企业而言都是必要的。

"和谐"的话语构建一方面体现在设施建设背后的政策立场。2018 年新修订的《中华人民共和国环境影响评价法》，根据不同建设项目可能带来的环境影响程度对建设项目的环境影响评价实施分类管理。一是环境影响报告书审批，适用于"可能造成重大环境影响的"项目，进行全面、详细评价；二是环境影响报告表审批，适用于"可能造成轻度环境影响的"项目，进行环境影响分析或者专项评价；三是环境影响登记表备案，适用于"对环境影响很小、不需要进行环境影响评价的"项目。① 对本案例中的各项目而言，根据《建设项目环境影响评价分类管理名录》（2018年版）中的相关规定，② 其分别涉及不同的环境评价管理措施（见表3-3）。这一名录亦反映出国家相关的政策立场。对于涉及移动通信设施的城市空间生产，政策倾向于一种"和谐"的空间表征建构，即认为该设施带来的负面环境影响极小，因此该设施本应与周边既有的居住、生活空间是内在和谐的；对于涉及输变电工程的城市空间生产，则认为当设施规模在1000KV以下，或者是地处环境敏感区③但不超过330KV时，其可能造成轻度的环境影响。而对于涉及生活垃圾处置设施的邻避空间生产，则要求全面详细评估其环境影响。

表3-3　　　　　　　　代表性城市建设项目的环境评价管理

项目名称	时间	项目类别	环评文件	管理方式
E 垃圾处理厂	1998—2019 年	城镇生活垃圾（含餐厨废弃物）集中处置	环境影响报告书	审批
C 垃圾焚烧发电厂	2014—2018 年			
Y 基站	2019 年	无线通信	环境影响登记表	备案
J 变电站	2018 年	输变电工程	环境影响报告表	审批

资料来源：笔者自制。

---

① 《中华人民共和国环境影响评价法》，2019 年 1 月 1 日，中华人民共和国生态环境部，https://www.mee.gov.cn/ywgz/fgbz/fl/201901/t20190111_689247.shtml。

② 该名录由 2017 年 6 月 29 日环境保护部令第 44 号公布，并根据 2018 年 4 月 28 日公布的《关于修改〈建设项目环境影响评价分类管理名录〉部分内容的决定》修正。2020 年 11 月 30 日生态环境部令第 16 号公布《建设项目环境影响评价分类管理名录（2021 年版）》，自 2021 年 1 月 1 日起施行。《建设项目环境影响评价分类管理名录》（环境保护部令第 44 号）及《关于修改〈建设项目环境影响评价分类管理名录〉部分内容的决定》（生态环境部令第 1 号）同时废止。

③ 根据《建设项目环境影响评价分类管理名录》（2018 年版），输变电项目的"环境敏感区"主要包括以自然保护区、风景名胜区、世界文化和自然遗产地、海洋特别保护区、饮用水水源保护区；以及居住、医疗卫生、文化教育、科研、行政办公等为主要功能的区域。

"和谐"的话语构建另一方面体现在技术参数的设计与论证。政府部门、设施建设和运营企业、第三方评价机构等主体，根据安全技术参数，论证设施带来的负面影响十分有限，空间要素处于共存的"和谐"状态。例如 J 变电站建设中公示的《环境影响报告表》明确写道："环境保护目标处的工频电场强度最大值为 1410V/m，磁感应强度最大值为 4.65μT，分别低于《电磁环境控制限值》（GB8702-2014）中规定的 4kV/m，100μT 的标准限值……变电站按规划规模运行后，站址周围环境保护目标处噪声预测值昼间最大为 48.5dB（A）、夜间最大为 38.2dB（A），满足《声环境质量标准》（GB3096-2008）中 2 类标准的要求"。而相对地，在无须环评文件审批的通信基站建设中，尽管没有详细的计算，但也通过类比性的数据支持以试图说明该设施同当地居民的和谐共存可能，如引用国家制定的、远超国际水平的严格的辐射标准，来论证设施的安全性，或者通过新闻媒体，使用类比的日常话语，向公众解释通信基站辐射是一种电磁辐射，与日常使用的家用电器等产生的辐射相差无几。

（二）变动秩序下的空间焦虑

通过对代表性案例的考察发现，设施负面影响的感知是公众空间想象的起点，如垃圾处理设施的"环境污染"、变电站的"辐射与爆炸隐患"、通信基站涉及的"辐射和居民活动安全"等。新空间要素的规划和建设取向，不可避免地改变地方公众传统的空间体验，而新的空间秩序尚未形成，因此空间重塑带来了"颠覆"和"未知"的双重感知，极易导致地方公众的空间焦虑。

进一步而言，邻避空间嵌入下的公众空间想象，实际上是人与城市空间要素间关系的想象，主要表现为以地方居民为主要代表的空间消费者及使用者，同以周边环境为主的地方空间的互动关系。根据空间利用方式的差别，这一关系主要表现为三个层次。第一个层次为"依存"，即人依存于空间之中，在既有城市空间内，获取生存所必需的空间资源，从而维持基本的居住、工作、生活状态。第二个层次为"获益"，即通过对空间及其资源的利用，实现自身的社会发展，如在空间建设和地方发展的背景下，获取房产增值；通过地方发展中的基础设施建设和公共服务附加，获取更高质量的城市公共服务与更高品质的城市生活；通过地方社区的社会关系网络，在社会交往中获取情感支持等。第三个层次为"改造"，如通过住宅改造、空间利用、参与社区建设等方式，尝试改变空间结构；通过具有独特意义的使用方式，赋予空间新的意义和象征。而"增量型"邻避空间生产，正是在这三个层面上，转变既有的人与空间关系。尤其是在"增量型"邻避空间生产活动的早期，规划和建设工程已经表明，地方公众传统的空间体验已经不可持续，但新的人与空间关系尚未建立，由此带有不确定性的空间想象引发了地方居民的空间焦虑。

这也可以解释"增量型"邻避空间生产中冲突风险在时间上的变化特征。有研究发现，短期的邻避抗争引人瞩目，但以往研究对居民长期态度的变化知之甚少。研究者通过对一处精神病院周边 1425 名居民的认知态度调查发现，长期来看，即便是那些知道并了解附近有精神病院的居民，也很少表达出负面的情绪，相反社会责任和集体关怀成为其主要的立场。[①]

"增量型"邻避空间生产在"表征的空间"建构中面临的最大挑战，是如何回应空间生产活动初期，人与空间关系变化所带来的地方公众空间焦虑。而当新的设施建设并投入运营后，随着新空间秩序下日常生活体验的不断推进，"表征的空间"得以重新建构，能够在很大程度上缓解居民的空间焦虑，缓和乃至化解空间抗争。但即便如此，纵观国内城市"增量型"邻避空间生产，地方管理者在项目建设初期面对空间抗争时，依旧多通过项目的停建乃至取消的"妥协式平息"来化解冲突，从而失去了后期重塑人与空间关系的机会。通过前述四起案例也可发现，当克服阻力实现设施建设后，E 垃圾处理厂和 C 垃圾焚烧发电厂都在运营中

---

① Allison Zippay, "Neighbors' Perceptions of Community-Based Psychiatric Housing", *Social Service Review*, Vol. 82, No. 3, September 2008.

逐渐实现了空间抗争动机暂时或持续的缓解，而 Y 基站和 J 变电站引发的空间冲突，则在项目初期的公众抗争中便被迫暂停。

二 共识缺失下的差异化行动选择

（一）空间财产权利：E 垃圾处理厂建设中的邻避行动指向

空间利益诉求，特别是针对空间要素的经济利益诉求，是公众空间权利抗争的第一个面向。这在 E 垃圾处理厂的空间冲突中表现得尤为明显。由于该设施包含垃圾填埋场与垃圾焚烧厂，填埋垃圾所产生的异味和水污染、垃圾焚烧所带来的空气污染成为引发公众担忧的根源。周边居民的诉求也多针对经济补偿。

建设之初，城市管理者已经预计到项目建设可能引发空间冲突风险，于是在 2009 年进行建设决策后，当地政府在正式建设之前便按照国家要求将近处村庄搬迁至安全距离，并按照规定向该村发放生态治理费，从而事先避免建设初期的公众反对。但这只是暂时告一段落而非终结。在项目投入使用后，尽管搬迁后周边居民同垃圾处理厂的距离符合规定，但由于垃圾处理厂长期超负荷运转，所产生的异味和空气污染也对周边居民产生了明显影响。针对垃圾处理带来的环境问题，企业通过对周边村民进行经济补偿以缓解公众不满。但这一过程中，由于监管、落实不到位，村民多次未及时收到补偿，并因此围堵垃圾处理厂。其中，2015年爆发了一次较大规模的行动，迫使垃圾处理厂停止运营数日，极大影响了城市生活垃圾的终端处理能力，大量小区数日内无法清运垃圾，出现 "垃圾围城" 现象。而后，随着补偿款的到位，这一阶段性的不满得到平息。

（二）空间参与权利：C 垃圾焚烧发电厂建设中的抗争行动指向

C 垃圾焚烧发电厂的邻避空间生产引发的冲突，集中反映了公众空间权利抗争的另一个面向，即针对人身权利受损的感知，除寻求经济补偿之外，更多地诉诸空间生产过程中的决策参与。并且在这一过程中，地方公众采取了多元化的话语构建方式如图 3-6。

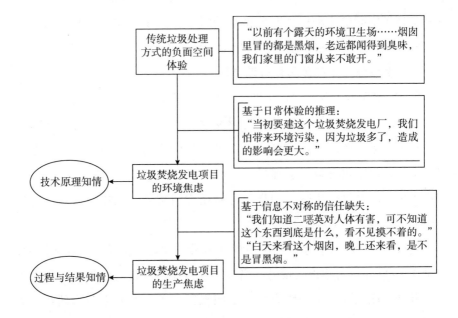

图 3-6 面向空间参与权的话语构建

资料来源：笔者根据相关报道信息整理而成。

从中可以看出，公众对该垃圾焚烧厂的不满超越了针对污染与健康风险的感性表达，而指向了解其有害物质形成机理及其特征、有害物质处理方式等信息的知情权和参与权。公众关于邻避空间的风险如何发生、如何控制风险发生等重要内容，有着知情权和知识生产的内在诉求，满足这些诉求有助于避免公众从健康风险感知转向"对立性"空间概念建构。

（三）空间权力运作：Y 基站建设中的抗争行动指向

在 Y 基站建设中，以小区居民为主的地方公众的行动，聚焦于空间权力诉求。通过对反对者代表性话语的分析，可以发现空间权力维度的行动诉求主要从两个方面展开。

一方面，小区居民就通信运营商在小区"增量型"邻避空间生产中的权力运作逻辑进行质疑，从而为自身介入乃至掌握空间权力运作的主导权奠定正当性基础。一是从空间生产的权力过程上，小区居民将运营商封闭式的空间权力运作作为行动的依据，如"不知道要建基站的事情""没有见到过通信公司或者建造基站的人来小区进行过宣传"等。二是从空间生产的权力结果上，公众质疑小区内部建设通信基站的必要性，诸如表示"为什么偏偏要建在小区里呢"。公众基于自身所掌握的经验和知识理解，在"少有通信基站建于小区内部"这一认知背景下，指向运营商权力运作结果的非合理性。

另一方面，小区居民试图主导通信基站建设下的"增量型"邻避空间生产过程及其结果。具体而言，一是拒绝运营商的空间生产策略，试图将自身的行动诉求定位于并非因所谓辐射问题拒绝通信基站本身，而是拒绝在小区内部建设基站的空间结构重塑方案；二是提出复原性的空间生产策略，即"不是反对建基站，而是想着能不能把基站在原处复建"。

这进一步表明，在"增量型"邻避空间生产中，冲突风险在权力维度主要表现为，地方公众同政府管理者、企业之间在邻避空间生产之初对主导权的争夺。公众首先将对既定空间生产策略的争议，引申到对管理者和运营方空间权力运作方式（而非权力来源）的正当性质疑；进而，提出自身的建议或方案，以试图转变、重塑"增量型"邻避空间生产的方式和结果，从而使公众权力成为空间生产过程中的主导性权力。

（四）空间价值捍卫：J变电站建设中的公众行动指向

在J变电站建设引发的邻避行动中，地方公众利用微博表达不满，事件相关微博呈现出小范围、地方性特征，信息源呈现少量、集中特点，公众在少数核心微博下集中评论。通过对微博评论进行采集、清洗并对其中点赞量较高的评论进行分析，可以发现，公众的诉求指向邻避空间生产过程中的价值目标，并从三个方面形成了对这一邻避空间生产过程中"价值偏离"的主观感知（见表3-5）。

一是程序脱节感知下的价值偏离。在获取的微博评论中，最高赞的评论都集中在对"环评"程序的质疑方面。该变电站建设中编制的《环

表 3-5 面向空间正义性价值的空间抗争话语构建

非正义感知	部分代表性话语	话语指向
程序脱节	居民区如此密集，请问环评怎么通过的？	环评程序的非开放性
	质问如何做的环评？如何做的规划？	环评、规划内容的非专业性
	环评距离只有 40 米，故意避开对面小学和各个大型社区	环评参数、标准的非科学性
	所谓的环评表中周边环境均未介绍，环评公示居民却不知情	环评内容、结论、程序的非正当
阶层分化	都是有孩子的人，怎么能这么规划呢？	身份认同的分化
	相关人员的孩子老人没在这附近吗？	利益的剥夺感知
行政壁垒	有关部门不要互相扯皮，给老百姓解决问题才是正事	部门壁垒
	也许当初选址的时候这个片区没有这么多人，但是现在发展很迅速，人口密度特别大，请相关领导考虑民意，把孩子和广大人民的生命安全放在第一位	决策滞后

资料来源：笔者自制。

境影响报告表》将"站界外 40 米、边导线地面投影外两侧共 40 米，电缆管廊两侧边缘各外延 5 米（水平距离）"的范围作为"重点评价范围"，在这一范围内，"环境敏感区"除了部分临时住房和活动板房外，没有其他环境保护目标。但公众不满这一重点评价范围把一街之隔的各居民区排除在外。公众由于无法参与或切实了解"增量型"邻避空间生产的核心过程，从而将对于"增量型"邻避空间生产结果的不满，转向对空间生产过程的不满。在这一行动逻辑下，结果的"非正当"必然意味着程序的"不公正"，即聚焦于公众感知层面非透明的程序脱节。

二是阶层分化感知下的价值偏离。多数评论隐喻了公众对于身份分化的感知体验。这一诉求相较于对程序的诉求要更深一层，公众在主观上，将变电站的空间生产行动视作管理部门对周边居民的资源占有，并由此影响到对自身作为城市居民的身份认同。

三是行政壁垒感知下的价值偏离。通过微博评论的内容分析发现，公众对行政壁垒的感知也涉及两个方面。一方面，相关职能部门之间在建设规划、环评审批等环节，由于部门壁垒、相互推诿等影响责任的履行。另一方面，政社联动不畅导致政策规划与地方发展不同步，公众认为管理部门建设变电站的相关规划，并未关注到地方人口、经济快速发展的现实，存在滞后性。

从中可以看出，公众在建构新的空间概念时对关键价值性问题的关注。第一个问题指向"地方应当被赋予怎样的空间概念"。"增量型"邻避空间生产引发公众的焦虑，被公众视为破坏了共识性的价值原则。对本案例的地方公众而言，"小区""学校""老人孩子"不仅是自身的利益表征，更是观念中"空间正义"的符号建构。第二个问题则是"居民和城市管理者应当是一种怎样的关系"。"增量型"邻避空间生产不仅仅是空间要素的嵌入，更是对居民所生活的空间秩序的重构，其中公众和管理者的关系尤为重要。这一关系特征，既影响了公众对当前政府治理方式和治理效能的价值判断，也引发了公众关于城市身份与自我发展的价值判断。

三 以建设决策为指向的空间冲突路径

通过对"增量型"邻避空间生产情境的案例考察，可以发现，作为核心决策者的地方政府，同作为邻避行动关键主体的地方公众之间，分别基于对邻避空间的期望和焦虑建构各自的空间想象。进而，围绕"建设决策"，地方政府往往面对公众在权利、权力和价值维度所展开的行动（见图3-7）。

地方管理者、设施建设方和运营方表达自身对邻避设施建设后地方发展的空间期望，试图引导和重塑公众的地方性空间概念，就"增量型"邻避空间促进地方发展与生活改善达成共识。然而，"增量型"邻避空间生产中，空间要素所带来的地方增益尚未显现。空间期望主要通过管理者和运营方的技术推理建构出来，以邻避空间为纽带，论证其促进城市公共服务资源配置优化的空间功能，以及邻避空间同地方自然空间、居

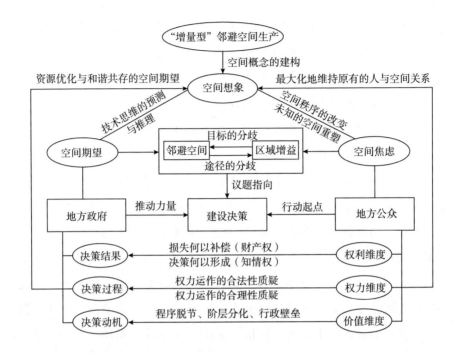

图 3-7 "增量型"邻避空间生产中冲突风险的演化逻辑

资料来源：笔者自制。

住空间的有机融合。但同时，空间要素所破坏的地方空间秩序已可被感知，地方公众在面对未知空间秩序的想象和焦虑中，往往试图重新回到原有的人与空间关系。实际上这给建构出的空间表征同公众所接受的空间概念之间，内在地嵌入了共识缺失的风险。

这种缺失在两方面呈现出来：一方面，管理者和运营方在规划决策阶段进行概念建构和理论论证，但这一论证并不天然地契合区域增益的立场，对这一问题仍需要达成共识，分歧往往可被表述为"邻避空间生产，是否出于提升区域发展品质的公共立场"。另一方面，即便公众承认邻避空间生产中区域增益的发展立场，但空间发展是否必须通过"增量型"邻避空间生产加以实现，亦需要对此塑造共识，这一分歧往往可被表述为"提升区域发展品质，是否必须通过地方上的邻避空间生产而实现"。可以说，当前"增量型"邻避空间生产中，地方政府、企业所推动建构的

"空间期望"往往对这两方面论证不足，而地方公众邻避行动的话语表达也多指向于此。

进而，公众行动聚焦于"增量型"邻避空间生产中的关键环节——建设决策，并指向推动建设决策重要的空间主体——地方政府。权利诉求集中在经济利益与决策参与等方面，针对设施所带来的负面影响获得财产补偿、了解决策过程。权力诉求集中于建设决策制定中行政权力运作的合法性与合理性，在此基础上通过否认程序的正当性以拒绝由此产生的地方空间生产结果。价值诉求则强调新建设施所推动的地方空间生产的价值偏离，通常涉及决策程序同政策质量、精英利益与公众需求、决策立场与地方实际等方面的脱节。

公众空间抗争沿着权利、权力和价值等维度形成了差异化的抗争话语表达。这些差异化的话语同时反映了地方公众对地方空间生产的保守立场。从依存关系的层面看，地方公众往往针对设施可能带来的生活风险而感到焦虑，寻求还原依存于既有空间下的原有生活状态。从获益关系的层面看，地方公众实际上是通过获取补偿来矫正"增量型"邻避空间生产所带来的经济关系变动。从改造关系的层面看，地方公众无论是通过抵制相关设施的建设以拒绝对既有空间可能的改造和变动，还是寻求最低程度的空间结构重塑，实际上就是争取对当地空间结构改造的主动权。总的来说，地方公众试图尽可能恢复既有的空间秩序，"即便不会变得更好，至少不会变得更差"。

第四节 差异化冲突风险演化
逻辑下的治理举措

一 面向财产权诉求的经济关系重塑

在 E 垃圾处理厂的邻避空间生产及其冲突治理中，城市管理者面对以空间财产权为主要诉求的空间抗争，以邻避设施运营企业为纽带进行地方利益补偿。城市管理者通过 PPP 模式的应用，构建经济利益补偿机制，重塑地方"增量型"邻避空间生产过程中政府同企业之间、企业同周边居民之间的权利关系。

（一）基于企业补贴与地方补偿的关系重塑

在城市生活垃圾处理中，拥有较强专业技术水平的企业负责生活垃圾填埋、焚烧、发电的技术处理，而地方政府所给予的垃圾处理补贴和发电上网补贴，则是企业盈利的重要渠道。在垃圾处理厂建设之初，政府通过补贴以保障邻避设施运营企业的经济利益，在履行城市生活垃圾处理服务的公共责任的同时，也避免企业将运营成本转嫁给地方公众。垃圾处理补贴和发电上网补贴，可以视作"政府—企业"经济关系中，政府对企业生产运营活动的"正激励"。

由政府监管行为所带来的收益损失，则可以视作这种经济关系的"负激励"手段。在 E 垃圾处理厂的运行过程中，地方政府对其生产过程中的气体排放进行持续监测，一旦污染物排放超标则对企业进行停产整顿。这一方式在企业"成本—收益"的经济利益驱动下，发挥了明显成效。对垃圾处理厂而言，实现对绝大多数有害物质的有效处理，需要在不低于 850℃ 的高温下进行垃圾焚烧，成本高昂，也意味着一旦由于污染超标导致停工，企业将面临极大的经济损失。政府通过经济成本倒逼企业生产运营过程的规范化，削弱邻避效应，以从生产经营环节降低空间冲突的可能性："炉膛温度你想想整个得控到 850 度以上，点一次炉得用到 10 万到 20 万之间的钱……停一天炉子，一天少处理垃圾少赚 10 万 9 万的，加上柴油，30 万没了……"① 这种方式建立起以政府监管和企业成本管理为核心的"生产管理"问题，并通过政府持续性的环境监测与行政处罚等为代表的政策工具，实现对环境负面影响的部分缓解与控制，从而一定程度上抵消地方公众的邻避动机。

政府面向企业所提供的运营补贴与发展支持，同时引导了"企业—公众"的经济关系重构。政府面向企业提供的运营补贴，内在地包含了

---

① 笔者根据员工访谈记录整理，2019 年 8 月 19 日。

"政府补贴—企业经营—居民补偿"的空间经济权利和责任逻辑，企业承担起通过利益补偿弥补周边居民空间权利损失的义务。一方面，建立"垃圾处理费"制度，定期将"垃圾处理费"交付镇政府，由镇政府拨付到村，并由村委会发放到村民手中，通过经济补偿缓解村民的不满。另一方面，针对由配合垃圾处理厂建设的搬迁导致的部分居民就业问题，企业在评估劳动力素质和岗位职能的基础上，为其提供合理工作安排。

（二）基于发展支持与技术优化的关系重塑

地方政府通过规划决策，支持企业为提升自身运营能力、改善污染排放所进行的扩建、新建，这是以企业为纽带重塑地方政府、运营企业、地方公众间经济关系的重要治理策略。政府在支持企业经济规模扩大、进一步提升盈利能力的同时，通过支持引导企业技术升级以削弱设施带来的地方环境影响。

面对城市生活垃圾处理需求日益增大，E 垃圾处理厂持续超负荷运转的现状，市政府批准了垃圾处理厂的扩建方案，方案中新增的垃圾焚烧与发电设备已在 2018 年投入使用，年新增垃圾处理量 27 万余吨，年新增发电量 9000 余万千瓦时。此外，市政府按照全省环境保护要求，推进生活垃圾渗滤液处理设施建设，在生活垃圾填埋场原址增建渗滤液防控和填埋气发电等相关设施，于 2019 年启动相关的规划、建设工作。

（三）针对财产权诉求的治理特征

总的来说，地方管理者试图将原本地方政府的空间建设与地方公众的空间诉求之间的冲突，转化为"企业—政府"之间以企业建设和政府审批为核心的"经营发展"问题，掌握治理工作的主动权，并通过以环境评价为代表的管理活动支持企业发展，以提升企业生产能力与污染控制能力，一定程度上缓解企业冲突性的空间属性。由此，进而重塑和优化"增量型"邻避空间生产中的"企业—公众""政府—企业"两对关系。在"企业—公众"关系中，通过提供经济补偿与优化生产行为，企业削减了自身引发公众抗争的冲突属性，在访谈中周边居民也承认："污染已经小了。"① 在"企业—政府"关系中，地方政府和企业在不同的发展情境和空间生产阶段下，分别形成了"政府补贴—企业供给"的合作关系、"政府审批—企业扩建"的监督管理关系、"政府监管—企业运营"的发展支持关系。

二 面向参与权诉求的信息供给与认知重构

C 垃圾焚烧发电厂推动的邻避空间生产中，地方管理者面对地方公众诉诸空间参与权利的行动，将决策过程中双向互动的信息开放作为核心的治理举措。

（一）专业技术信息供给下的知识重构

现代信息技术放大了邻避行动在地方间的"示范效应"，增加了政府的治理难度。但在本案例中，地方政府则采取了一种不同的策略，主动吸纳公众参与，将"反对的示范"转向为一种"治理的示范"。在项目建设前期，面对地方公众的空间焦虑，市政府组织居民参观学习上海、苏州等城市中垃圾处理的标杆企业，了解垃圾焚烧发电项目的真实运作现状。这一举措除了转变公众对于垃圾焚烧发电项目的刻板印象外，更重要的是，地方政府以实地参观、宣传解释等方式，推动空间冲突协同治理的"示范效应"在地方的扩散，在潜移默化中转变其行为方式。

地方政府为迎合公众参与诉求而实现的决策过程开放，通常表现为在面临治理压力倒逼下"事后性""被动式"地吸纳公众参与，但 C 垃圾焚烧发电厂建设中的参与治理，则反映了地方政府主动鼓励、引导公众参与所增进的治理效能。在项目运营过程中，地方政府持续性地推进地方邻避空间的社会开放，建立制度性的设施开放机制。② 制定公众开放接待管理办法，通过规范化、制度化的方式明确公众接待方式、部门职责和后期保障运作，并建立以综合管理部为主体、生产及技术骨干参加的专职、兼职讲解员队伍，面向公众提供专业性的技术解释，并自 2016

① 笔者根据居民访谈记录整理，2019 年 8 月 19 日。
② 中共中央组织部组织编写：《贯彻落实习近平新时代中国特色社会主义思想在改革发展稳定中攻坚克难案例．生态文明建设》，党建读物出版社 2019 年版，第 162—175 页。

年起将每月的第一个周末设为"公众开放日",接受电话或电子邮件实名登记预约参观。通过这种方式,引导公众进入、体验既有的邻避空间生产,推动公众将垃圾焚烧发电项目作为"邻避空间"的知识重构,打破"逢建就要闹"的路径依赖。

(二)邻里友好的空间符号构建与信息供给

邻避空间的物理属性反映了邻避空间所产生的客观地方影响,邻避空间的社会属性则反映了地方公众形成的主观体验与社会关系。在 C 垃圾焚烧发电厂建设中,地方政府将邻避空间在物理属性上的形态和功能,打造成邻里友好的"空间符号",并将其作为向社会提供的重要信息,从而推动了邻避空间在邻里友好的物理呈现和社会感知之间的和谐与统一。具体而言包括三个方面。①

一是采取生态友好的空间修复与环境营造举措。其一,基于当地文化特色对厂区外墙进行彩绘美化,以及对厂区内部厂房和烟囱等标志性空间符号进行美化和冷却塔除雾,消除项目运营中的排放物带来的视觉影响。以蓝白色为主色构建起象征生态和谐和环境友好的"空间符号",以环境友好的视觉效果缓解公众的空间焦虑。其二,通过邻里友好的景观营造,从感知层面增进设施的"邻利属性"。例如,企业采取措施吸引鸽子在厂区安家落户,"鸽子"本身所表征的文化符号,以及动物定居所表征的生态和谐,都有助于引导公众空间想象的营造。此外,在厂区内打造景观河、种植树木打造"花园式工厂"的景观建设,对于推进周边公众对于设施"增量型"邻避空间生产中和谐空间想象的建构具有重要价值。

二是生产运营过程中污染物排放的动态、持续监测与信息公开。政府建立严格公开的生产监管、环境监测与信息公示机制,由城市管理局长期派驻工作人员对项目运营中的焚烧效果、环保排放、污水处理、垃圾进厂数量、环境影响等进行持续监管,并持续面向社会公示。政府通过制

---

① 中共中央组织部组织编写:《贯彻落实习近平新时代中国特色社会主义思想在改革发展稳定中攻坚克难案例.生态文明建设》,党建读物出版社 2019 年版,第 162—175 页。

度化、便民化、开放性的公众参观、环境监测与信息公开制度，打破了公共设施由"围墙""封闭运行"打造的"对立式"的空间符号，将公众的信息知情、决策参与、监督等空间权利内嵌入空间生产过程之中。

三是以垃圾焚烧发电厂为核心推进的邻里公共服务附加。通过依托企业增加就业机会的方式，地方政府从经济利益层面超越了简单、单向的经济补偿，同时由于项目带来的全国性示范效应，吸引了众多地方官员、垃圾处理领域从业者、公众前来参观学习、旅游观光，促进了当地服务业的效益提升，构建起企业和公众之间可持续的经济利益共赢关系。除此之外，地方政府依托企业资助改善周边社区的公共资源配置，打造面向地方居民、学校师生的环保、科普教育基地，从而以项目为纽带，围绕地方公共服务优化，从区域发展质量提升与效益共享的方面，增进项目的"邻利属性"，从而实现"增量型"邻避空间生产对于周边居民的利益回馈。

（三）针对参与权诉求的治理特征

在本案例中，地方政府主要促进了两类信息的开放供给。一是专业技术知识的供给，在规划建设环节，吸纳、组织地方公众实地考察垃圾焚烧发电行业的示范企业，在运营环节面向公众开放本地企业的生产过程，引导公众参与、体验企业生产运营的"技术空间"，提供专业技术信息并引导公众的知识重构，转变公众"逢建就闹，逢闹就停"的认知模式，提供从"反对的示范"转向"治理的示范"的信息引导。二是"空间符号"的打造，在邻避空间的形态呈现、运营过程、功能附着等物理属性维度，通过友好的视觉效果呈现、严格的污染监控与公开、利益回馈的功能附加等方式，构建"邻里友好"的空间符号，引导公众从"邻避空间"向"邻利空间"的认知转变。

三　面向权力诉求的空间资源撤离与动员瓦解

Y基站建设所引发的空间冲突及其治理结果，从某种程度上可以说是一个"异类"。面对地方公众诉诸空间权力所采取的邻避行动，从表面上看，运营商依旧采取了停建基站的妥协式回应。但是，随着新的通信基站停建以及原有基站按照区域改造规划拆除,通信服务从小区中"撤离"的空间结果,反过来导致了邻避行动主体内部的激烈分化,许多原先的反对者逐渐转变立场。此事件一度成为微博热点话题。值得一提的是,在舆论场中,大量互联网公众也并未成为这一地方邻避行动的支持者,而是形成了明显的立场分化。

本研究对热门微博下公众评论文本进行抓取和数据清洗,对获取的6065条文本进行主题模型分析。分析发现,微博评论文本集中反映的三个主题,可分别概括为"技术理性""地方损失""策略行为",而在每个主题下,相应的评论文本又呈现出不同的话语指向。从中可以发现,地方管理者、运营商如何通过妥协式的撤离,反过来削弱了反对者的空间权力资源和行动基础。

(一)"技术理性"认知下的知识重构与动员基础削弱

"技术理性"主题下,公众通过互联网动员网络下的信息流动,对于通信基站的相关科学知识进行自我传播和学习,基于技术理性对通信基站的冲突属性进行反思和再认识的知识获取。斯宾诺莎(Baruch Spinoza)曾提出了关于人类知识的理论解释,认为人类的知识分为想象知识、理性知识和直觉知识三类。想象知识是从传闻间接得到的知识或从个别事物的直接经验中得来的知识;理性知识是正确观念即所谓真观念,经过推理得来的知识;直觉知识是理智对事物本质直接把握而得到的知识。想象知识包含极强的个人主观色彩,而理性知识获得过程中的推理过程则可能出现错误。[①] 在该案例中,公众基于技术理性的认知重构也据此展开,具体表现为三种差异化的话语建构方式。

其一是对技术原理的专业解释。如代表性文本所表达的"基站是电磁辐射,电磁辐射也没太大伤害……电离辐射才会致命,但电离辐射也是需要在短时间内大剂量照射才会造成人体死亡""通信基站的电磁波主要向水平方向发射,在垂直方向上衰弱明显,所以基站的正下方,功率

---

① 仰和芝:《生存与和谐:斯宾诺莎对生的沉思》,江西人民出版社2011年版,第52—53页。

密度往往是最小的"等观点，对基站的辐射影响及其科学原理进行了专业解释。这些话语从专业技术角度，将"辐射""电离辐射""电磁辐射""功率密度"等概念进行了辨析和科普，从而极大动摇了原有邻避行动中"通信基站—辐射伤害—健康威胁"这一"似是而非"的逻辑链条，并在事实上削弱了反对者所拥有的基于知识的权力资源。

其二是针对部分居民邻避动机的逻辑归谬。如部分代表性评论中，"阳光也是一种辐射""每在信号基站附近待一分钟就会消耗 60 秒的生命"这种带有一定调侃的话语，将通信基站产生的辐射同其他事物进行类比归谬，指出居民对通信基站的反对逻辑背离当前社会生活的发展趋势。

其三是形成基于认知差异的群体分化。在体现这一话语建构方式的代表性评论中，"知识""科普"等词语常被提及，反映出通信基站建设的支持者试图建构出自身同反对者之间的群体差异认知。

可见，运营商采取公共服务要素撤离的策略，推动了空间概念认知重构，并进而促使互联网公众围绕技术理性的知识获取、抗争动机的逻辑归谬、群体间认知差异，同周边居民之间实现群体分化，从而极大地削弱了邻避行动的动员基础。

（二）"地方损失"认知下的邻避行动反思与动机消解

"地方损失"主题下，公众舆论的焦点在于通信服务撤离下的空间资源配置结构，考虑其对于区域整体发展产生的负面影响，对抵制通信基站的空间抗争行动进行反思。从代表性话语的指向看，公众对地方发展损失的认识也主要表现在三个方面。

其一是基本公共服务缺失下的区域经济社会效益损失。在同这一话语构建方式密切相关的评论文本中，有网友甚至将没有网络和通信服务覆盖的小区夸张地比作"被流放的蛮荒"，并想象了一幅"店铺倒闭""快递外卖不可及""失去联系"的生活图景，尽管言语中同样带有夸张或调侃色彩，但其背后表达的则是现代社会中网络通信服务缺失对日常居住、商业活动、物流服务等基本生活需求的不利影响。

其二是群体画像的负面刻画。相关评论文本中不乏使用"收入""文化"等概念表达网友对反对者群体的刻板印象。而除了涉及对小区居民自我治理能力的消极判断外,同样值得一提的是,由于官方公告出现了将"不再"写成"不在"的错别字问题,公众将原本聚焦于对小区居民的群体画像延伸至对于运营商专业形象的负面刻画,如有典型评论表达的"这么严肃的文件还犯这种错误"。

其三是城市品牌与城市形象的负面影响。如代表性文本中"作为一个本市人我都怕本市上热搜""丢人的事儿"等话语,反映出公众对城市形象、城市可持续发展潜力等方面的担心。

可见,运营商采取区域公共服务要素撤离的策略,使得地方公众和周边居民从结果倒推对邻避行动性质的反思,从现实影响的角度,进一步削弱了这一邻避行动的社会认同,并同时强化了对通信基站这一邻避空间生产的社会支持。

(三)"策略行为"认知下的行动立场质疑与行动群体分化

"策略行为"主题下,公众关注的焦点集中于运营商和小区居民围绕空间治理所采取的博弈行动和策略选择,同样表现在三个层面。

其一是纠正"沉默的支持者"引发的空间冲突治理偏差,这也是该主题下公众的主流话语。伊丽莎白·诺埃勒-诺伊曼(Elisabeth Noelle-Neumann)在其"沉默的螺旋"理论中提出,当人们认为自己成为少数派时,他们为隐藏其观点而感受到持续增长的压力,并揭示了其形成的内在逻辑。[1] "增量型"邻避空间生产中,持反对态度的居民需要采取集体行动来表达其异议,形成集中的舆论话语,积极开展行动动员;获益的支持者或怀疑自身成为舆论中的"少数派"而谨慎发声,或基于"搭便车"的心理,较少采取动员性的集体行动来表达其支持。因此,正如国外一项研究所指出的:选址提案的反对者更有可能投票或参与其他集

---

① [美]埃姆·格里芬:《初识传播学:在信息社会里正确认知自我、他人及世界》,展江译,北京联合出版公司2016年版,第400页。

体行动，而支持者更有可能保持被动，不采取行动推进其立场。① 而在代表性的网友评论中，诸如"沉默的大多数人，你们不主动要求你们的服务，谁来维护你们的权利""破坏基站的时候怎么没人阻止"等话语，都指向"沉默的支持者"。

其二是建立在沉默者识别基础上的居民群体分化。多数公众尽管对小区内"沉默的支持者"承担公共服务缺失的结果并不过于同情，但同时也认为这一空间结果是少数人对公共利益的"绑架"，如评论所言"其他支持的被代表了"。

其三是寻求政府协调、利益主体协商等，通过治理努力，解决公共服务缺失。"基础设施建设应政府主导，企业承建。对于建设中遇到的非法阻力，承建方应及时向政府部门反馈，取得政府的帮助，以达到服务民众的目的""互相理解尊重"等话语，反映了持这一立场的公众态度。在公众看来，当前的治理结果诚然是对空间抗争行动的平息甚至反转，但公共服务的撤离无论对运营商的公共责任，还是小区居民的生活品质而言，都堪称是一场没有赢家的"零和博弈"，需要各主体充分协商沟通以推动空间治理的进一步优化。

四 面向空间价值诉求的程序正义建构

在 J 变电站建设引发的空间冲突及其治理中，地方公众利用媒体舆论、问政平台等方式向地方政府、建设者、运营方施加了显见的价值诉求压力。针对公众质疑建设决策的价值立场的行动，地方管理者通过补充、诉诸空间生产的决策程序，尝试缩小议题指向，将其背后的价值争议限定在程序合法性的问题框架之内。

（一）对既行空间生产程序的正当性论证

针对公众的诉求焦点，地方政府将对既行空间生产程序的辩护作为重要的治理策略之一。其一，作为承担监督管理职能的上级部门，省生

---

① Carol Mansfield, George Van Houtven, Joel Huber, "The Efficiency of Political Mechanisms for Citing Nuisance Facilities: Are Opponents More Likely to Participate Than Supporters?", *The Journal of Real Estate Finance and Economics*, Vol. 22, No. 2-3, March 2001.

态环境厅在接受媒体采访时，将回应的重点定位于决策程序："环评是否批复，措施是否满足了要求，要到现场去解决这个问题。"其二，面对地方公众在网络问政平台中发布的"环评如何通过的""怎么能建设这样大型的变电站"等针对决策程序的质疑，履行规划审批职能的规划部门，在回应中系统说明了项目审批流程的程序完整性、作为变电站的建设用地规划合法性、申报材料的完备性和公开性，即"该变电站用地符合相关规划，申报要件资料齐全"。其三，针对作为公众抗争焦点的环评结论，地方政府利用供电公司的专业性回复，进一步论证环评结论的正当性，包括全国范围内中心城区建设 220KV 变电站的普遍性、运营环节规避安全风险的专业性、相关国家标准中"环境影响评价范围为站界外 40米"（不包含学校、居民区）的政策依据等合法性、正当性论证。

（二）对空间生产决策程序的完善

尽管项目建设落实了前期规划、环评等信息的公开程序，但地方公众的不满，仍反映了政府程序性信息公开与公众实质性信息获取之间的不对称。为此，地方政府将补充和完善决策程序作为一项重要的治理策略。其一，面对公众质疑和反对行动，采取召开座谈会等方式，以通过事后被动式的信息沟通，补充开放性的空间生产程序。其二，采取暂停空间生产进程的"妥协式"治理回应，正如区政府相关负责人在问政节目接受公众质疑时所表示的："它虽然是取得了立项和环评手续，但是在具体建设过程当中，小区居民提出异议。目前这个工程已经停工，下一步要和居民具体再协商。到它的环评手续，包括和居民协商一致以后，符合开工条件再行开工。"这一话语试图在重申项目程序合法性的基础上，强调城市管理者对居民意见的重视和尊重，首先通过停工暂时规避冲突性空间要素的嵌入，进而从"尊重民意"的角度回应公众对其空间生产非正义的价值质疑。

（三）为继续推进空间生产程序寻求合法性支持

在通过项目停建以避免冲突风险进一步升级的同时，地方政府在治理回应中，试图为重启项目建设、继续推进"增量型"空间生产寻求来自司法机关的合法性支持。区政府与街道办的相关管理部门均表示，尊重业主通过法律渠道解决问题："已有业主向法院起诉。街道等待判决，若变电站胜诉，允许其按照标准开工建设，若变电站败诉，则坚决禁止其动工。"在治理中，地方管理者将来自司法机关的判决作为空间生产合法性争论的关键依据。尽管诉讼的焦点显然仍集中于项目规划与决策程序和内容的正当性，但这一举措本身已表明在邻避型空间冲突治理中，空间生产程序正当性的话语构建，已从行政解释转向法律解释。

（四）针对价值诉求的邻避型空间冲突治理特征

该案例中，地方管理者所采取的治理举措，实质是重构基于程序公正的空间生产价值话语，将针对邻避空间生产价值的争论，缩小到决策程序的尺度进行讨论，通过优化邻避空间生产的决策程序实现价值重构。在这一过程中，针对公众对建设方案和审批标准的疑问，地方管理者在程序话语下诉诸审批环节的完整性和信息材料的完整性；针对公众对决策程序执行的价值疑问，地方管理者在程序话语下诉诸公众参与的行政过程补充，以及法院给予的回应。由此，地方管理者试图在缩小邻避行动议题范围的基础上，捍卫设施空间生产的价值导向。

第五节　本章小结

"增量型"的邻避空间生产中，地方嵌入的新建设施，因其所存在的或公众感知的负面影响，引发空间冲突风险。新建设施的规划与施建，对地方既有、稳定的空间社会秩序与空间要素结构带来了突变式的冲击。其中，行政权力所推动的规划制定与决策执行，是导致空间激变的直接因素，地方公众对新建设施负面效应的认知和想象则打破了自身生活的舒适区，进而形成自身同新建设施、地方环境之间消极的空间关系感知。在这一过程中，空间冲突风险多集中在项目建设之初。地方管理者和设施建设、运营方试图基于技术理性与公共服务品质提升构建关于地方和谐的"空间的表征",地方公众则同时面对空间秩序的变动过程,以及未知的地方空间生产结果,基于主观感知与空间想象形成的空间焦虑塑造了公众关于地方的"表征的空间",由此导致邻避型空间冲突的风险演化。

"增量型"邻避空间生产中的冲突治理主要围绕"建设决策"这一焦点展开。权利诉求集中在经济利益与决策参与等方面,针对设施所带来的负面影响获得财产补偿、了解决策过程。权力诉求集中于建设决策制定中行政权力运作的合法性与合理性,在此基础上通过否认程序的正当性以拒绝由此产生的地方空间生产结果。价值诉求则强调新建设施所推动的地方空间生产的价值偏离,通常涉及决策程序同政策质量、个人利益与公众需求、决策立场与地方实际等方面的脱节。一般而言,地方政府采取的治理行动主要在于对相关的发展建设决策进行解释辩护以争取公众认同与地方支持,弥合政府、公众之间的空间关系。同时,地方政府常常选择将设施运营方、建设方纳入治理伙伴,利用后者提供建设优化、技术解释、运营保障等方式寻求有效的空间治理。

第四章 "存量型"邻避空间生产中的
冲突风险与治理回应

在城市发展进程中，由于地域扩张和人口集聚等因素，许多原本地处城市偏远地区的既有设施逐渐被城区建设所包围，其生产过程中的环境影响因而逐渐演变为邻避效应，成为当前转型城市面临的新的邻避空间生产形式。在"存量型"邻避空间生产中，空间冲突并非源自新的设施规划决策，而是既有城市发展要素在城市发展中的空间配置方式的转变，呈现出历时性的演化特征。因而，本章选择对一起制药厂和周边学校、公众之间的邻避现象进行个案分析，考察随着城市发展，原本相安无事的设施同公众之间的邻避型空间冲突如何展开，进而分析"存量型"邻避空间生产及其空间冲突的发生逻辑与治理举措。

第一节 案例选择与资料收集

一 案例选择

如前所论，对"存量型"邻避空间生产情境的案例研究，不仅需要通过个案研究的历时性分析，还要求所选择的案例在冲突风险的演化中呈现复杂性和变化性。基于此，本章考察一起由制药厂推动的地方邻避空间生产以及由此引发的空间冲突风险。考虑到该药厂所属集团的多家子公司都在这一空间内从事生产经营活动，以发挥相近产业集聚的规模发展效应，其邻避影响具有相近性、集中性和整体性，因此本章使用"Q

药厂"指代由此形成的整体性"邻避空间"。Q 药厂不仅在其药品生产、技术创新、经济创收等方面发挥了重要的价值，在推动城市经济社会发展中扮演重要角色，同时也在长期的城市发展中同周边居民形成了密切的经济和生活联系。但另一方面，Q 药厂生产中引发的环境问题，也对相邻的学校、居民区带来了明显的负面影响，加之后来多起安全事故的发生，使得公众的邻避行动升级。

二　资料收集

（一）访谈资料获取与整理

本研究采取半结构式与开放式访谈，对企业职工、学校教师、地方居民等相关主体进行深度访谈，全面了解企业生产运营流程、典型事故发生与处置、企业邻避效应、公众抗争行动、地方管理者与企业的治理回应等信息，在此基础上整理访谈资料，作为一手数据。受访者结构如下表所示（见表4-1）。

表4-1　　　　　　　　　　　　　受访者基本信息

资料编号	受访者性别	职业/身份
jm01	女	店铺老板
js02	女	教师
jm03	男	居民
jm04	男	店铺老板
zg05	男	工人
zg06	男	房地产行业从业者
zg07	男	工人
zg08	男	教师

资料来源：笔者自制。

（二）政策、数据、报道等二手资料获取

本章从应急管理部、生态环境部等国务院组成部门以及省、市、区

政府部门网站收集、整理相关政策文件、数据等资料，从主要媒体、网站收集相关新闻报道，作为研究重要的二手资料，用以分析空间冲突中地方管理者的治理动机与政策立场。

（三）舆论文本资料获取与分析

考虑到药厂在其邻避空间生产及邻避型空间冲突的历时性特征，以及其安全事故所引发的舆论关注，本章以 2016 年以来 Q 药厂发生的三起重要事故为节点，通过网络爬虫工具在微博平台获取相关舆论文本，作为研究公众行动诉求的重要文本资料。

第二节　从"相安无事"到"相邻相争"的邻避空间演变

一　从"否"到"是"：城市发展中邻避空间的形成

（一）药厂发展中地方空间秩序的渐变

20 世纪 90 年代 Q 药厂建设运营之初，由于厂址距离周边居民区尚有足够的距离，且周边人口并未如此密集，因此药厂的负面空间影响尚不明显。但进入 21 世纪后，这一情形明显改变。其一，伴随着城镇化的进程，当地逐渐成为城市发展的重要区域；其二，Q 药厂带来的经济效益和社会效益持续提升，并基于扩大生产规模、升级生产技术的需求而逐渐扩建；其三，Q 药厂周边原有一所重点学校（下文简称 V 校），其优质的办学质量、良好的社会声誉使公众对该校的教育资源需求不断增加，促使学校进一步扩建以扩大办学规模，并在很大程度上加速了当地的房地产建设和人口集聚。药厂、学校与周边居民区之间的空间距离逐渐缩短（见图 4-1）。

厂区扩建下车间与设备的增加，使得设施生产运营中的影响逐渐显现为影响居民生活的"邻避效应"：

一开始没有味道，离着学校还有几百米的隔离带，直到 2000 年

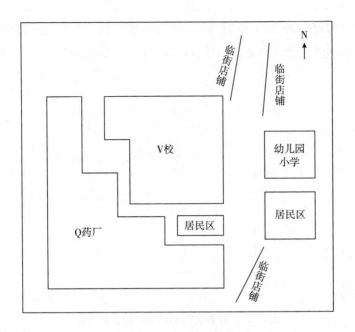

图 4-1　Q 药厂的空间位置示意图

资料来源：笔者自制。

以后，离学校近的几个车间（污水处理厂、化工车间）投产后，问题才越来越严重。（访谈资料：zg08，教师）

随着空间距离的拉近，药厂的邻避属性逐渐显现，激发了地方公众围绕药厂带来环境污染与安全风险而展开的"常态化"抵制。在这种"常态化"的抵制之外，三起安全事故的发生，使得药厂作为邻避空间的敏感性不断提升，公众的空间抵制不断加剧。

（二）"存量型"邻避空间生产的路径特征

药厂邻避效应的呈现以及冲突的发生，凸显出"存量型"的邻避空间生产与空间冲突特征。既有的设施在其建设运营初期，尽管在客观上具有地方生产影响与技术风险，但由于空间距离较远、人口密度较低等因素，其技术层面的影响与风险并未相应地转化为公众感知与抵制的"邻避效应"。其后，伴随着城市发展中设施规模与产能的扩大、人口的集聚，设施的邻避属性逐渐被激发、察觉，由此从一个"非邻避空间"

转变为"邻避空间"，对既有设施、地方环境、周边公众之间的空间关系带来了剧烈的变化，打破以往相对稳定的地方空间秩序（见图4-2）。

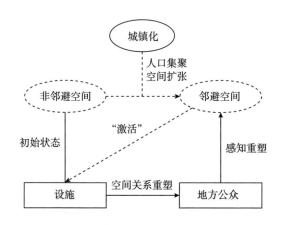

图4-2 "存量型"邻避空间的生产路径

资料来源：笔者自制。

"存量型"邻避空间生产的进程特征，使得其相较于"增量型"的邻避空间生产而言具有独特的复杂性，首先就表现在空间主体复杂的结构性特征和空间联系。邻避空间并非源于建设决策带来的"空降式"的嵌入，而是既有设施长期运行发展中的变化。从产权角度而言，企业对其生产空间的占有和使用，居民对其居住和生活空间的利用，城市发展对公共空间的占有、开发和使用等因素，相互交织于邻避空间及其相关的空间主体行动之中。从利益关系角度来看，以Q药厂为例，其周边的居民不仅是长期在此居住生活的本地居民，也包括教师、学生、家长等群体，而且还有在药厂工作的职工及其家属，和依托集聚的人口而兴起的地方商业经营者，这些不同社会身份也时常在个体上重叠，因而空间主体间的利益关系呈现出较高的复杂性。

除此之外，"存量型"邻避空间生产的特征还表现在，邻避空间的建构主要基于现实空间影响的体验。"存量型"邻避空间，以既有设施及其显见影响为核心，转变多元主体的空间关系结构，因而对其邻避效应的感知与空间建构,是基于设施实体及其影响的事实体验而非空间想象。进一步说,随着设施的长期运行,公众对邻避空间的概念建构,从政策法规与情感认识上,都具有了正当性与合理性的认同基础。由此,"存量型"空间生产中多元主体的空间建构与行动方式,呈现出有别于"增量型"空间生产的特征,进而影响到空间冲突风险演化的逻辑。

二 从"无"到"有":邻避空间中的认知分歧

(一)建构"空间的表征":契合城市经济社会发展的空间效益呈现

在城市发展建设中,地方政府出台的城市发展的相关规划、政策文件是反映城市管理者、规划家主导的"空间的表征"的重要依据。本章汇总整理了自 2000 年以来,相关的政府政策文件和企业信息。通过文本分析发现,地方政府对 Q 药厂在促进经济增长、引导产业升级、壮大科研实力等方面都给予了极大的政策期许。

一是推动经济体量增加的"经济空间"生产。生物工程产业被当地政府视作城市经济的重要组成部分,也是经济增长的重要推动力量。在经济效益层面上,Q 药厂背后的集团被地方政府视作推动城市经济增长的重要引擎,扩大企业规模、增强企业实力、提升经济价值创造能力,成为当地空间生产的重要导向。地方政府将集团作为城市生物工程领域的骨干企业之一,通过支持企业扩大生产规模、推进企业工业园区建设等方式,以企业的增量扩张提升生产能力和价值创造能力。而在推动城市增长方面,Q 药厂所属集团也给予了地方政府以相应的"回报",不仅在行业中具有较高影响力,也在当地的产业振兴计划中肩负重任。

二是引领产业结构升级的"产业空间"生产。除了增量扩张下的经济规模提升,生物制药所具备的产业结构升级潜力也逐渐得到重视。2010 年,生物制药作为全市三大战略性新兴产业之一,Q 药厂及其所属集团成为该产业领域的重点企业之一,多个项目被当地作为重点建设项目予以支持。这一时期当地政府主要着眼于发展新兴产业,优化产业结构，围绕企业打造引领城市产业结构优化升级的"产业空间"。从"经济空间"到"产业空间"的空间表征建构，反映了地方管理者从经济体量规模增长向经济结构质量提升转变下的空间生产策略转变。

三是提升创新能力的"创新空间"生产。从数量增加到质量提升，背后是地方管理者提升城市可持续发展能力与综合竞争力的空间生产导向。当"创新"成为城市发展的关键词，围绕 Q 药厂的空间生产过程，也在打造创新型城市的发展战略下被赋予了新的目标和导向。基于创新型城市建设的目标，市政府将 Q 药厂所属集团定位于自主创新骨干企业之一。公开数据显示，Q 药厂自 2008 以来共获批 16 项有效发明专利；其所属集团在全市布局的其他两家企业，则共握有 26 项发明专利。

（二）建构"表征的空间"：日常生活中的空间损失体验

在创造经济效益、优化城市产业结构、提升城市科技创新能力的同时，Q 药厂也带来了明显的环境污染和安全隐患，对地方居民造成了客观的空间损失。

1. 环境污染的直观感知

药厂在水污染、大气污染与土壤污染等方面带来的地方环境影响，即便是支持企业发展的市政府也无法回避。2016 年全市落实水污染防治的行动计划实施方案中就明确指出："重点针对 Q 药厂等单位，开展废水处理设施再提高工程。"而在 2018 年、2019 年该市两次公布的《重点排污单位名录》中，Q 药厂屡屡上榜（见表 4-2）。

表 4-2　　　　　　《重点排污单位名录》中的相关企业情况

Q 药厂内运营企业	2018 年			2019 年		
	水环境重点排污单位	大气环境重点排污单位	土壤环境污染重点监管单位	水环境重点排污单位	大气环境重点排污单位	土壤环境污染重点监管单位
企业一	是	是	是	是	是	是
企业二	是	是	是	是	是	是

续表

Q药厂内运营企业	2018 年			2019 年		
	水环境重点排污单位	大气环境重点排污单位	土壤环境污染重点监管单位	水环境重点排污单位	大气环境重点排污单位	土壤环境污染重点监管单位
企业三	是	是	否	是	是	否

资料来源：笔者根据案例所在市 2018 年、2019 年《重点排污单位名录》整理。

注：相关企业信息做匿名化处理。

然而对学校师生、周边居民等群体的访谈发现，对于 Q 药厂带来的多重负外部性影响，公众的敏感程度各不相同。

公众最为敏感的是药厂生产带来的空气污染。当地居民对药厂的空气污染也经历了一个逐渐察觉和敏感的过程。药厂扩建以来，同周边居民、学校的空间距离不断拉近，其带来的空气污染也日趋明显。周边居民由于能够经常直接感知到刺激性气体的排放，因此对空气污染保持高度的敏感：

> 那时候（刚搬过来）感觉还没那么严重，应该是它后来几年这个味儿就严重了……（访谈资料：js02，教师）

除此之外，药厂带来的水污染也是公众反对的重要动机之一。药厂的存在不光带来异味，同时还有地下水污染。访谈中有居民表示，地下水污染曾经直接影响到居民的日常生活："原来的村委曾自行建设水站供居民日常使用。"（访谈资料：jm03，居民）也有居民表示："药厂在此处肯定有污染，空气污染、水污染，平时也一直担心。"（访谈资料：jm01，店铺老板）

而相较于空气污染和水污染，政府所关注的土壤环境污染，则因为未对日常生活产生直接的影响，公众并未对此负面影响产生敏感。换言之，公众对于药厂的邻避情结，集中在视觉、感觉等方面更加具有直观性和刺激性的负面影响，而对于相对间接的负面影响，其邻避感知则不那么强烈。药厂自身的生产安全事故则成为加剧公众空间抗争的直接因素。在调研中，受访者叙述了事故发生后公众对药厂这一邻避空间敏感性的进一步提升：

> 没有引起直接的伤害，人们都没有那么重视。这不爆炸了吗，肯定开始关注了。（访谈资料：js02，教师）

2. 环境污染程度的差异性认知分歧

对于地方政府和企业本身而言，在药厂生产过程的负外部性方面，其同公众的空间体验存在比较明显的认知分歧。一方面，关于空气污染的分歧主要在于影响程度本身，在企业看来，药厂生产过程中带来的异味气体排放是客观事实，然而气体的浓度本身是否超过国家标准、是否产生明显的健康影响，在生产技术层面值得讨论和商榷。

其一，关于药厂生产所带来的刺激性异味。从生产技术环节看，"气味"和"浓度"是两个有所区别的概念，企业主要的生产原料多呈现出直观刺激性强的特征；从客观环境层面看，受环境（风向、风力等）的影响，气体的影响程度会呈现出明显区别；从主体特征来看，公众由于本身并不处于企业生产环境中，因此对于异味的敏感性较强。可以说，"刺激性异味"在某种程度上是一个主观感知的判断，和企业基于技术环节的"浓度""刺激性"认知存在差异：

> 俺们常年在这个厂里，对有些气味儿可能就不那么敏感了。人家那边可能稍微有点气味儿就觉察出来了……浓度和气味儿也不能完全等同。它有的是浓度低，但气味大；有的是浓度大，但它不是那种致敏性、刺激性大的气体。（访谈资料：zg05，工人）

其二，关于药厂生产所排放的异味气体的健康风险。从企业和地方政府的立场看，对生产过程的检测和排放标准的控制，均按照生产环节的安全要求和技术标准进行。但地方公众感知到的异味进而形成的健康风险感知，并不会随着不那么透明、公开的"技术合规性"论证而得到消解：

> 每次打电话反馈都是这样的（经过环评了，是合格的，是安全的）。（访谈资料：js02，教师）

另一方面，关于水污染的分歧则在于水污染本身是否存在，即基于药厂的生产工艺和设施建设，生产活动是否会导致对周边居民饮用水的污染。不同于公众的担忧，在企业看来，现有技术下，水污染在生产环节中是不会出现的：

> 像污水处理啦，这个绝对是没问题的，这个它都是配套设施的，如果有问题那早完了。（访谈资料：zg05，工人）

三 从"弱"到"强"：安全事故影响下的公众邻避行动升级

除被公众察觉的环境影响和安全风险之外，Q 药厂在 2016 年、2019 年发生三起典型安全事故，引起不同程度的舆论关注，不断强化了其作为邻避空间的敏感性，也使得公众的担忧和不满进一步扩大，成为空间冲突风险演化的重要事件节点。一是由工人操作不当引起的某车间火灾，使得公众的担忧进一步增加。二是某车间设施发生的泄爆事故，舆论对此广泛关注，公众采取行动表达不满和焦虑，学校在此事件后宣布搬迁。三是因管道改造中施工人员操作不当引发火情和有毒气体泄漏并造成人员伤亡。这三起安全事故的发生，成为这一"存量型"邻避空间生产中风险演化的重要事件节点。

本章采取对网友评论文本的主题模型分析，分别考察三起安全事故影响下，公众邻避行动的诉求特点及其变化。首先，在"新浪微博"平台，分别检索并抓取各事件舆论高峰期内，高评论微博下的网友评论文本。其次，对数据进行清洗，共获取 1902 条文本，三起事故涉及的评论文本分别为 125 条、1499 条和 274 条。最后，通过主题模型分析，识别在各事件中公众邻避行动诉求的特征及其变化。

（一）火灾事故影响下的邻避行动：权利诉求的多元化

对第一起火灾事故影响下公众评论文本的分析发现，公众观点主要可以识别为"邻里安全""事故处理""政府责任"三个主题。这三个主题及其涉及的关键词与评论，亦从三个方面展现了公众邻避行动的面向。

在"邻里安全"主题下，关键词主要包括"V 校""学生""药厂""附近"等涉及空间利益主体结构的概念，还有"可怜""搬走"等表达情感态度立场的概念，反映了公众对药厂安全风险的担忧，尤其是对周边居民生活情境的同情。而从该主题下公众"附近的学校怎么办""药厂旁边不足百米好像还有个居民小区""就没有关心里面的工作人员的吗"等典型话语中，可以发现，邻避行动主体的构成进一步明确，居民、职工、师生等不同身份的群体，基于对 Q 药厂邻避风险的担忧形成一定共识，不仅增加了邻避行动主体的复杂性，也一定程度上使得邻避行动的动员基础得到加强。

在"事故处理"主题下，"工人""学生""起火""操作""火灾""现场""行政拘留""情况"等关键词均指向事故发生、进展与处置的事实要素。而在代表性的网友评论中，"好像锅炉爆炸""什么情况"等话语反映出公众猜测或寻求事故原因、影响的行为倾向，还有部分公众转引新闻媒体相关报道，这些均表明公众对知情权的诉求。公众不仅试图从权威信息渠道获取事故原因、事故影响与责任认定等方面的详细信息，而且在期待不同群体所提供的信息资料的同时，也多基于自己以往的生活经验、信息渠道发表对事故本身的看法。

在"政府责任"主题下，"部门""企业""学校""药厂""孩子""污染""安全"等关键词，分别从管理部门、管理活动涉及的多方利益主体、核心利益关切等方面，指向管理部门在事故监管与处置中的责任履行。而在该主题下公众的代表性评论中，这一倾向则更为细化。"这些重污染企业赶紧搬走""有关部门应该对这种大企业加强监督""安全最重要"等话语，体现出公众对政府部门的治理期待，期待其能够在多元主体的利益纠葛和多重价值目标中更好地履行管理责任。这也反映出，公众在邻避行动中，其诉求从自身的安全风险逐渐拓展到政府的监管职责。

总的来说，这起事故促使公众的行动从原先小规模的投诉转变为表达更广泛的权利诉求。基于这一时期网友评论的主题模型分析可以发现，公众对药厂周边邻里安全的关怀，表达了更加多元化的邻避行动主体对自身安全的广泛诉求；对事故处理进展的关注，主要集中在事故影响程度、起因、处理结果等相关信息的知情权诉求；对政府治理的期待，则反映了公众的担忧和不满在长期累积后，由于事故的导火索，而呼唤行政权力介入以保障自身权利的行动策略。

（二）泄爆事故影响下的邻避行动：诉求的广泛拓展

对第二起泄爆事故影响下公众评论文本的分析发现，这一阶段公众的观点可识别为"学校安全""事故疑问""地方发展"三个主题。其涉及的关键词和评论呈现出，公众的担忧及其行动进一步升级。

在"学校安全"主题下，"学校""学生""政府""老师""安全""希望""附近"等关键词反映出，在这一阶段的邻避行动中，利益主体更加聚焦，行动的针对性更强。从"呼吁社会各界人士关注 V 校教师学子安全问题""为什么会变成邻居""什么时候能离我们学校远一点"等代表性话语中可以看出，学校作为核心的行动主体，极大地整合了师生、家长、校友乃至广泛社会人士的关怀和行动支持。

在"事故疑问"主题下，"没有""怎么""什么""不能""无毒""无害""人员"等关键词反映出公众针对事故的疑问态度，且情绪色彩较为明显。公众的疑问不仅涉及事故本身的影响，而且延伸至设施的建设和运营等环节。相较于第一起事故后侧重于对事实的知情，公众在该起事故后的邻避行动诉求表达出更加强烈的担忧，这从该主题下专业人士和公众之间的观点分歧也可侧面证明。有专业人士表示"只有一团白烟，什么气味都没有"，而也有公众发问"（新闻报道的）少量无毒无害气体到底是什么气体"。行动主体通过疑问色彩更强的诉求表达，试图得到更加全面的信息回应。

在"地方发展"主题下，关键词中的"孩子""学校""教育""中国""药厂""搬走""领导"等，表明此时的公众已尝试诉诸一些关于未来发展的话语，表达自身的行动诉求。"规划是政府规划的""孩子是祖国的未来""老百姓的切身利益啊"等话语亦反映出，此时公众行动的话语策略逐渐上升到教育、代际发展、公共利益等关于地方发展方式的价值目标。该起事故影响下的邻避行动诉求，内在包含着对"地方应实现何种发展"的讨论，从政府的监管责任拓展至地方发展中的公共价值目标，以尝试通过议题的扩大，增强行动的影响力。

无论从舆论关注程度还是公众为此采取的行动上看，这起事故的影响都明显达到一个高峰。相较于第一起事故影响下的行动，公众在这起事故后的邻避行动，其诉求指向的维度大致相似，但在此基础上进一步升级：从对事故事实的知情，上升到对邻避空间生产过程的疑问；从对多方利益主体的宽泛关怀，上升到聚焦学校安全的针对性行动；从对政府监管责任的期许，上升到涵盖企业生产、教育政策、区域发展等更加宏大的价值叙事。公众以此进一步明确邻避行动的动机，增强行动的影响力。在这起事故后，学校宣布搬迁，成为重要的标志性事件，在根本上转变了邻避行动的主体结构和其组织动员能力。

（三）着火中毒事故下的邻避行动：针对责任主体的诉求聚焦

分析这起事故后的网友评论可以发现，在学校搬迁后，邻避行动主体失去了关键行动者，其行动诉求更加明确地指向事故本身相关的责任主体，具体可识别为"企业生产""外部监管""地方政府"三个主题。

"企业生产"主题下，"之前""影响""首富""大户""爆炸""安全"等关键词，指向设施运营主体其一直以来的邻避效应。而在该主题下，公众表达的"之前就有过多次事故""安全！安全""这可是利税大户"等话语，亦反映出公众在地方安全和经济效益交织下的复杂情感。公众采取诉诸企业长期邻避影响的话语策略，并在一定程度上隐喻了企业基于其经济影响力所具有的相对强势地位。

在"外部监管"主题下，"企业""关停""媒体""报道""上级"等关键词反映出，公众将行动的诉求指向新闻媒体、管理部门等外部监管力量。该主题下，公众通过"而不是出了事大家才知道有这个部门的存在"等相关话语表达出对政府部门监管责任的诉求。而"中国的媒体以关停多少家企业为己任""媒体今天全部失声"等话语，反映了员工、公众等不同主体针对媒体的不同情感，但均指向对媒体恰当发挥舆论监督作用的期待。总的来说，这一主题反映出，公众对通过公共权力和舆论监督规范企业安全运营的治理期许。

在"地方政府"主题下,"直接""政府""处理""部门""应急"等关键词指向政府部门及其治理行动。"对责任区发生重大事故的应急反应态度以及对事故的处理,是反映一方政府有关部门是否作为最直接的检验""愿以后不再发生类似事件了""要严查"等话语反映出,地方政府在邻避空间风险、居民权益维护等方面的治理方式和责任履行,是公众行动诉求的焦点之一。

由于学校的搬迁消解了以往组织动员能力最强、利益影响最大的行动主体,重塑了既有邻避空间的结构状态,公众邻避行动的诉求和方式发生了明显变化。在该起事故后,公众尽管亦采取相应行动来表达担忧和不满,但转变了以往诉诸宏大叙事的话语策略,有意识地将行动控制在有限的议题范围内,围绕事故本身来拓展利益诉求,指向不同责任主体的角色作用,以在失去关键行动主体后,在邻避诉求的合理性和影响力之间寻求平衡。

第三节 "存量型"邻避空间生产中的冲突风险演化

公众最初针对 Q 药厂运营过程中的环境污染结果采取常规性的邻避行动。安全事故的发生,则使得公众从常规性的邻避行动向方式更加激烈、诉求更加明确的行动升级。

一 邻避空间察觉:聚焦空间利益调适的常规性邻避行动

随着城市发展中的空间拓展与人口集聚,Q 药厂由于自身逐渐显现的环境影响而形成"邻避空间",引发了不同空间主体间的地方空间共识缺失,主要表现为 Q 药厂推动的地方发展事实与造成的环境污染感知之间的张力,由此引发了公众围绕污染结果本身的行动。

(一)常规性的邻避行动策略

Q 药厂作为"邻避空间"被公众察觉之初,因其污染排放具有时间持续性、视觉直观性、影响有限性等特点,公众尽管经常采取不同方式表达自己的不满，但往往规模有限，即多层次、渐进式的常规性邻避行动路径。

一是从公众自身层面规避风险的自我防护。即居民通过在日常生活中的防护与规避，使自身避免污染带来的生活干扰。在调研中，居民、师生表示在很多时候特别是夏天，当污染增加时，不得不关闭门窗，待外面空气流通带走污染物后再开窗。这种策略本身是一种消极、被动的规避措施，但由于牵涉的空间利益主体较少，且规避的主动权掌握在居民自己手中，因此具有迅速、灵活的优势。这种策略往往在污染程度不深、时间较短、空间冲突风险相对较弱时采用。

二是向企业进行反映，以推动企业的自我纠正。在调研中发现，向企业反映自身的诉求，这是公众最为普遍的行动，而并非直接向政府部门进行投诉。对企业而言，由于产品与生产环境的特殊性，加之邻避效应使公众的不满成为常态，企业自身往往对公众的反映具备足够的敏感性。同时，企业生产层面所进行的调整，也在快速反应、专业处置等方面具有灵活性。

> 他们也不是说直接就打到上级主管部门，他最起码第一步肯定是先和药厂沟通，然后领导就会跟各个车间说。然后各个车间主任根据相应的（要求）做些调整。（访谈资料：zg05，工人）

三是随着污染程度加深，公众向政府部门投诉，形成自上而下的监管压力。向政府部门举报，往往是公众常规性邻避行动的最后手段，在前两种策略未达到预期目标时，寻求行政力量的帮助。对此，政府往往从两方面进行回应，一方面是从技术层面向公众解释污染的加剧有其特殊原因，是暂时性的，疏解和缓和公众的内在反对动机；另一方面是从管理层面向企业反馈公众的行动诉求，触发企业内部的生产调整。

（二）常规性邻避行动的路径特征

公众常规性的邻避行动针对企业生产所带来的客观污染结果本身，而并不主动扩大空间冲突的议题指向（见图4-3）。公众常规性的邻避行动路径呈现出三方面的特征。

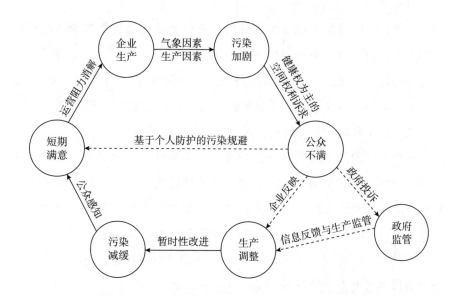

图4-3 "存量型"邻避空间生产中的常规性邻避行动

资料来源：笔者自制。

一是动机上的短期结果导向。对公众而言，行动的目标在于短时间内将污染程度限制在自身可接受的范围之内。因而，向企业进行的生产投诉就成为公众的主要行动方式。公众有些潜在的不满情绪可能通过有效的自我防护，而消弭在行动表达之前。而公众即便是向政府部门进行投诉，也主要指向政府对企业进行反馈与监督，使企业快速调整生产以减缓污染。对企业而言，只要在接到公众反映或政府反馈后，及时对车间进行生产调整，控制污染排放，使环境影响尤其是空气污染在短时间内有所改善，就基本上可以令公众满意。

二是规模上的间断性频发。公众常规性的邻避行动由于其诉求聚焦在污染影响本身，因而呈现出间断性的频发特征。随着天气因素或生产行为使得污染在短期内加剧，公众的邻避行动便很有可能再次发生。公众常规性的邻避行动实际上是在企业和公众之间实现"企业生产—污染加剧—公众不满—生产调整—污染减缓—短期满意"的动态平衡。

三是诉求上的有限行动。"存量型"邻避空间的生产，是伴随着设施环境负面影响的激发和察觉而展开的，公众主要诉诸环境影响下的健康权利损失，而往往并不主动扩大自身诉求的指向。换言之，常规性的邻避行动在很大程度上是以健康权为核心的空间权利诉求，在这一基础上，公众通过不同的行动策略，寻求企业短期、快速的生产调整与污染缓和。

二　安全事故触发：面向多维度诉求的行动升级

安全事故的发生使得 Q 药厂的环境污染影响转变为具有视觉冲击性的环境破坏，而其长期、潜在的健康影响则转变为公众直接感知的人身安全风险。因而，考察 Q 药厂推动的邻避空间演变可以发现，每次安全事故总是引发舆论的关注，而公众的诉求也随之向多维度、深层次转变。在这一过程中，空间冲突风险外化为公众针对空间权利、空间权力与空间价值等多维度诉求的行动升级。

（一）多重空间权利诉求下的行动规模拓展

各主体基于空间利用而形成分歧或互惠等多种利益关系。如前所述，在既有的利益关系和空间秩序下，公众常规性的邻避行动诉诸环境影响带来的健康权焦虑。但随着企业安全事故的发生，公众对自身空间权利损失的感知超越了健康权本身，其行动规模也随之拓展。

一方面，公众的行动诉求不再限定在空间负面影响的暂时性消解，而是寻求切断邻避效应向实质性空间权利损失转化的逻辑链条。从权利形式上，这主要表现为针对知情权和监督权的行动诉求。

通过诉诸知情权，公众试图理性揭示自身遭受的空间权利损失何以发生。公众的空间权利损失感表现为主观上的情感表达。这引起了公众的行动动机，但却不足以提供持续性施加治理压力所需要的理性与动员基础。因此，公众知情权的诉求主要在于对空间权利损失的理性认知逻辑，包括对其内在发生机制、实质性影响等方面的知情。通过诉诸监督权，公众试图寻求规避和削减空间权利损失的策略。公众向企业投诉污染，从而促使企业对自身的生产行为进行监督；通过集体性的行动动员施压政府部门采取有效的生产监管措施，以增强自身监督权行使的实效性。

另一方面，公众的邻避行动诉求超越了企业运营中的环境污染改善，指向从根本上消除遭受空间权利侵害的根源。这其中典型的空间权利形式表现为寻求介入政府空间生产决策的参与权。

由于频发的安全事故与直接的人身健康威胁，公众不满企业和地方政府面对常规性邻避行动时的治理结果："你没出事的时候怎么样都行，你真出事了，牵涉就大了。"（访谈资料：js02，教师）因而，在这一背景下，公众将不满指向了邻避空间生产过程本身，表达了参与邻避空间重塑的诉求和意愿："恨不得企业搬走。"（访谈资料：js02，教师）基于参与权的空间权利诉求，从某种程度上说就是将邻避空间重塑的意愿推动为地方政府面临的政策问题。金登指出，政府政策议题的制定是问题流、政策流、政治流汇合后推动政策窗口开启的结果。① 公众诉诸参与权的邻避行动，就是寻求后者开启调整既有"存量型"邻避空间的政策窗口。Q药厂事故本身带来的人身财产损失以及公众持续性的投诉，成为扩大问题、增强问题流的依据；无论是以学校为主体进行的邻避行动，还是周边居民、学生家长所采取的有组织行动，均扩大了冲突风险的空间尺度，成为增强政治流的策略。

（二）多元空间权力介入下的行动方式升级

在空间生产过程中，各主体之间都尝试将契合于自己诉求的空间体验上升为主导性的空间概念建构。地方公众在针对邻避空间的概念构建与抗争表达中的话语权力、企业在邻避空间生产中所掌握的经济权力、地方政府在推进Q药厂发展与缓和冲突中的决策权力，成为权力维度的重要表现。

1. 地方公众的话语权力运作

空间弥漫着社会关系，公众的居住、休闲、社交、工作、消费等日常生活行为是空间社会关系的直观体现。基于这些日常生活行为，地方公众建构起自身的空间体验。这一空间体验不仅反映了公众对于城市生活的美好期许和融入城市的主观意愿，还反映了公众实际上获取城市的社会网络、生活方式、公共服务等资源要素的程度，即城市发展中公众

---

① 宁骚主编：《公共政策学》，高等教育出版社2011年版，第296页。

的"获得感"。针对空间体验的"话语"建构，也成为地方公众在邻避行动中重要的权力运作方式。

一方面，公众在日常生活中的关系网络和行为方式，作为一种抽象的"话语"，体现出最具代表性的空间资源、空间功能和空间社会关系特征。而相较于常规性的邻避行动而言，安全事故激化的邻避行动往往极大地转变了行动主体的社会关系结构与行动方式。其一，以"企业—公众"为主的动态博弈，向政府、企业、周边居民、舆论动员下的地方公众、自媒体与新闻媒体等广泛主体间的冲突风险转变，行动主体从结构、规模、空间利益形式等多方面实现了拓展。其二，"存量型"邻避空间生产的一个突出特征就是空间主体构成的复杂性，尤其是多重身份在个体层面的重叠，但安全事故的发生也导致空间主体立场和身份间的内在转化。本案例中，企业员工具有的专业技术知识，使其往往以技术理性的逻辑，认同企业对地方效益的创造，而并不对企业的污染影响持有明显焦虑。但在安全事故发生后，直接的人身安全风险转变了部分员工原先建构的空间概念，以至于寻求离开该邻避空间。其三，邻避行动往往以相对激烈的方式呈现出来，如带来广泛舆论影响的事故信息传播，有组织地直面政府部门进行诉求表达等，诉求也从环境结果本身转向更加深层的管理机制、发展导向等议题。

另一方面，公众通过话语策略，建构有助于塑造身份认同、提升空间获得感的空间概念。如案例中，公众试图将作为优质教育场所的空间想象塑造为主导性的空间概念。而当学校搬迁以远离 Q 药厂带来的环境影响时，部分师生、家长以"用脚投票"的方式随学校迁住于新校址周边，激活了学校迁入地的房屋租赁市场。这实际上反映了，公众迎合并进入更契合自身空间概念的地域之中，并以此进一步强化对后者的空间概念建构。而周边居民和互联网支持者等其他行动主体，则对学校搬迁背后的政策动机表达疑问。

2. 企业的经济权力运作

企业的生产活动，塑造了空间内的经济关系和产业结构，强化了企业在完善产业结构和促进经济增长等方面的空间效益。企业具有内在动机，推动这一空间意象上升为主导性的空间概念，从而进一步营造有利于自身发展的空间秩序。一方面，企业壮大自身的经济实力，向周边居民提供工作机会，带动周边配套商业发展，强化自身同各项空间要素之间的联结。另一方面，企业诉诸自身的经济效益和空间价值，获取地方政府支持，以获得更有利于自身发展的资源、政策、制度等，而这些优势往往通过政府空间规划所推动的空间生产来实现。在本案例中，Q药厂作为城市经济增长和产业发展的龙头企业，在企业扩建和政策扶持等方面，都获得了地方政府的大力支持。

3. 政府的决策权力运作

政府所制定的规划政策，是对城市空间要素进行再配置的最直观手段，不仅直接影响着原有空间关系的调整，而且从政策层面明确地方空间在城市发展中的功能定位，塑造空间意象，并以行政力量推动这一空间意象上升为主导性的空间概念。在这一过程中，政府的决策权力在两个维度之间运转并施加影响。一是发展导向的决策，地方政府通过培育、挖掘空间经济主体的实力和潜力，营造有利于经济发展的政策环境，强化空间的经济功能和产业联系；二是治理导向的决策，地方政府通过对引发冲突的空间要素进行监管和治理，缓和空间冲突，维系社会运转的稳定状态。在本案例中，地方政府的权力行使体现出在两种导向之间的游移和平衡。Q药厂早期的扩张反映了地方政府发展型政策的运作；其后面对逐渐显现的邻避风险，无论是接受投诉、生产监督还是事故的事后处置，都是在维系企业运作基础上缓和公众不满，在一定程度上反映了"在发展中治理"的平衡倾向；随后面对以学校为主体的行动升级，推动学校搬迁从而在根本上分化邻避行动主体，是一种典型的治理型政策运作；而学校搬迁后，顺应城市高质量发展的环境诉求，对Q药厂污染型生产线进行异地搬迁，对既有生产设施投资进行升级改造，对Q药厂科技创新领域进行资金扶持，在一定程度上呈现出"在治理中发展"的决策权力调和趋向。

（三）多维空间价值指向下的行动诉求延伸

不同主体基于自身的价值立场与价值认知，推动地方空间生产。公众在事故激化的邻避行动中，将捍卫空间生产中的"正义"价值作为一项重要诉求，涉及管理者的公共价值追求，企业的社会责任，以及公众的城市身份认同。

公众是享有空间使用价值的重要主体，因此，空间生产结果带来的负面影响成为质疑空间生产价值导向的重要依据。在这一过程中，公众尤其渲染自身在风险面前的不利地位以寻求支持。本案例中，曾出现一张学生佩戴口罩学习的照片，以寻求舆论支持，并为企业的运营生产贴上负面的价值标签。事实上，这张图片尽管产生了较大影响，但本身却更多地表现为一种"符号"和"话语"建构的策略：

> 我也是在网上看到的。具体我也不了解。（js02，学校教师）
>
> （戴口罩上课）象征意义大于实际意义。（zg05，工人）

三　以设施运营为核心的邻避型空间冲突演化逻辑

由于城市发展中的空间延展、人口集聚和经济社会发展需要，既有设施运营规模不断扩大，同时周边居民区的建设也持续推进，从而使得既有设施同所处城市空间环境、周边居民之间的空间关系不断演变，设施运营生产内在的环境影响，逐渐演变为对居民日常居住生活所产生的"邻避影响"，从"非邻避空间"演变为"邻避空间"。因而可以说，对于"存量型"邻避空间生产及其空间冲突而言，"设施运营"是这一进程的演化起点和逻辑基础。

在此基础上，"邻避空间"的概念建构实际上表现为，多元主体在空间利用中所形成的空间体验。多元主体以设施运营所带来的既有地方影响的事实为基础，在各自的利益焦点下，建构起差异化的空间概念。其中，地方政府与运营企业通过统计数据与政策评价，强调邻避空间在政治经济方面所带来的空间效益；地方公众则通过对日常生活中负面环境体验的描述和渲染，强调邻避空间对公众所造成的空间损失。空间概念建构中的共识缺失也由此发生。

但在空间分歧发生的同时，各主体相互之间也保留有一定程度上的理解和认同。地方公众内在有着多重社会身份，并不拒绝承认企业在提供直接或间接就业、创造经济效益等方面的事实性贡献，而地方政府和企业也不否认地方公众所承受的环境影响。这一特征使得各空间主体对彼此的行为留有一定的"缓冲区"，即心理接受区间。冲突风险往往发生在对方的行为突破自身心理接受区间的情况下。对地方公众而言，这意味着设施运营生产中的污染物排放在视觉或感觉上超越接受程度；对企业而言，这则表现在公众采取"渲染"和"夸张"的话语建构，超越了实际上的环境影响，由此使得企业的运营压力超过了可接受程度。在这一状态下，邻避行动主要针对具有直接性和持续性、但影响程度有限的环境污染排放以及由此带来的健康忧虑。这种常规性的邻避行动指向邻避空间的结果矫正，诉诸健康权的空间权利维度，同时由于各主体间一定程度的互相理解，这一行动常在公众投诉与企业生产调整的互动中实现动态平衡。

随着安全事故的发生，这种动态平衡往往被打破。首先，安全事故的发生使得"邻避空间"的地方影响升级，环境污染升级为极具视觉与感觉冲击性的环境破坏，健康风险感知升级为对生命健康的焦虑。安全事故的影响也明显超越了地方公众对于运营企业所具有的"一定程度上的理解和认同"，公众采取的行动也随之拓展到空间权利、空间权力与空间价值的多维度诉求。空间权利维度的诉求亦超越了针对生产所带来的环境结果的健康权层面，指向对邻避空间生产过程的知情权、监督权以及决策参与权；空间权力维度的诉求，体现了设施运营背后公众话语构建、企业规模扩张、政策发展支持等空间主体力量的交织；空间价值维度的诉求，将设施运营引向对地方经济发展与生活品质等多重治理价值之间关系的讨论。

设施运营是"存量型"邻避空间生产的逻辑基础，也是邻避型空间冲突风险演化升级中主体行动的基本指向。以设施运营为核心线索，这一情境下邻避型空间冲突的演化逻辑如图4-4所示。

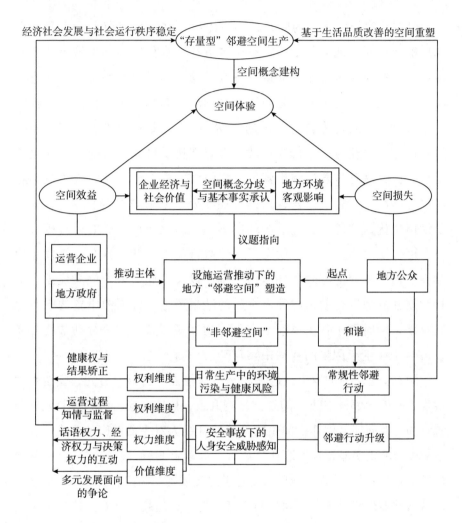

图 4-4 "存量型"邻避空间生产中冲突风险的演化逻辑

资料来源：笔者自制。

第四节　以运营优化为枢纽的治理举措

既有设施在城镇化进程中的运营与扩张，是"存量型"邻避空间生产及空间冲突风险演变的基础。相应地，地方政府在空间冲突风险的治理过程中，通过多元化的治理举措，对企业运营的生产过程与空间结果影响进行监督、纠正，对地方邻避空间中的资源配置和主体关系进行调整，以推动企业生产中的运营优化为枢纽，吸纳行动主体的空间权利诉求，调整围绕企业运营所形成的空间权力关系，回应企业运营所指向的城市发展价值导向。

一 快速缓和不满情绪的事故应急处置

安全事故的发生意味着各级政府、政府各职能部门、相关企业在生产运营环节的责任。地方政府通过应急处置，试图快速缓和公众被激化的不满情绪，以缩小邻避型空间冲突的风险。

（一）自上而下的治理压力施加

各级政府、政府各部门在承担相应治理责任的同时，安全事故发生时地方所处的宏观治理情境也强化了行政系统自上而下的治理压力。一方面，治理压力的施加促使从快、从严的事故处置举措，以空间秩序安全的快速恢复、事故信息的公开与严格的事故追责，快速平息公众激化的不满情绪与邻避行动。另一方面，更高层次的行政权力识别和承载了公众的不满情绪和行动诉求，成为吸纳、回应公众邻避行动的治理"符号"，这在一定程度上有助于公众不满情绪的疏解。

（二）企业生产责任的最小化策略

在安全事故激化的空间冲突风险中，公众以设施运营为指向实现抗争规模的扩大。地方管理者针对安全事故的追责处置，具有典型的"企业生产责任最小化"的话语建构倾向，试图在最大限度上缓和公众针对设施本身的不满情绪。具体而言，这一举措包含两个相互联系的治理环节。

第一个环节是事故责任识别中的话语建构。回顾三起事故的处置实践可以发现，在调查事故发生事实的前提之下，地方管理者在关于事故原因与发生经过的信息公开中，往往采取具有隐喻性的话语表述。如本案例中，对三起事故起因的调查结果表明，"员工操作不当""设施运行异常""第三方人员施工不当"等个人因素或设备因素，是引发事故的重要原因。对三起事故原因的识别，在查明事实的基础上，隐喻着企业生产安全风险本身"可规避"这一属性。由此，政府和企业试图引导公众就此达成共识：邻避型空间冲突的风险升级，只是由于个人或设备操作不当引发的具有偶然性、可规避性的事件，企业和公众之间不存在无法协调的根本矛盾。

在此基础上的第二个环节，则是基于事故调查的追责处置。在安全事故激化下的空间冲突风险治理中，地方管理者都以停产整顿作为针对企业的主要追责处置举措；而针对事故直接责任人，则根据事实予以管理责任、行政责任或刑事责任等不同程度的责任处置。通过追责处置，地方政府在明晰事故直接原因和具体责任人的基础上，将治理的重点聚焦到相关责任人的个体处置和企业自身的安全整顿上。企业内部的个人追责，则通过主要问责管理者，保证企业一线生产运营工作的稳定。

通过"企业生产责任的最小化策略"，地方管理者针对事故本身的处置，尝试以"偶发性""个体因素"来转移公众空间的诉求焦点，从而将公众的不满最大化地限制在企业这一空间尺度之内；针对企业的追责，则尝试将地方公众针对地方邻避空间的不满，转向对行为失当的个体的不满。管理者以此转移、消解公众的不满情绪并缓和邻避行动规模。

二 规范企业生产的运营过程监管

地方管理者通过对企业生产过程的运营监管，规范企业生产过程中污染物的排放，回应公众对于环境污染结果的焦虑，以及时缓和公众累积的不满和焦虑情绪。具体而言，对生产过程的运营监管主要从两个方面展开。

（一）常态化的企业运营监管

通过常态化的企业运营监管，地方管理者试图缓和日常生活中企业生产行为带来的持续性地方环境影响。其重要方式之一就是面向地方公众的持续性环境监测与信息公示。案例中，Q药厂落实管理要求，建有两个主要的污染物排放监测显示屏，当污染物排放超过安全标准时则会触发报警机制，其中一个设置在厂区内部靠近学校的位置，面向学校师生提供环境监测数据；另一个则设置在厂区门口，面向周边公众提供环境监测数据，以此回应关键行动主体的知情权。这一信息公开举措，在很大程度上是在回应公众诉求基础上的治理改进："（事故发生）之前就有，没显示，但是一直在测。现在更加透明、更加公开了。"（访谈资料：zg05，工人）

常态化运营监管中管理者采取的另一项治理举措就是强化生产监管中的处理机制。地方管理者对于设施运营中的生产不规范、排放不达标等问题进行严肃处理，以停产整顿下的经济效益损失压力，倒逼企业规范生产流程和生产行为："现在消极的东西它是一点儿都不放过了。行就是行，不行就是不行。能干就是能干，不能干就是不能干，坚决停产。"（访谈资料：zg05，工人）

常态化运营监管的第三个方面就是促使企业自身加强对公众不满的快速识别与回应。对企业而言，这一方式在面对公众常规性的邻避行动时，是一种快速、有效的治理策略。一方面，从治理结果看，这对于暂时、快速削弱公众邻避行动的基础行之有效。另一方面，对于企业本身而言，员工对于企业生产环节及其可能的污染影响都具有比较专业的知识，有助于提升自我监管的效率，因而企业层面的快速回应也是治理成本相对较小的策略选择："一闻就知道是哪个车间生产工作的。因为各个车间生产的东西不一样，用的原料也不一样……最起码范围给它锁定了，然后就是再查那一个车间了。"（访谈资料：zg05，工人）

（二）企业生产监管的专项治理动员

在常态化监管的同时，地方管理者也在面对突发的安全事故或专项治理任务时，通过短时间内的监管强化来约束和改进企业生产行为。

在安全事故发生后，地方政府整合、调动专门的监管人员、设备等治理资源，面对公众投诉，及时对企业造成的环境污染程度进行专门监测，以快速回应公众疑虑："环保局的人那一段时间经常过来，有一段时间住在药厂，每天检测一下。具体多长时间我们不清楚。主要我们一有

什么事情给环保局打电话，他们就说有人天天在这里住着，每天都检测。"（访谈资料：js02，学校教师）

除此之外，地方政府也多次利用专项整治活动对企业运营过程进行监管和优化，例如"安全生产月"活动、在安全生产专项整治行动中的执法大检查等，都将危化企业作为安全生产宣传和检查的重点对象，从而作出监管企业生产过程、回应公众空间诉求的治理表态。

三 弱化邻避空间影响的运营升级支持

通过促进企业生产转型升级的政策支持，地方政府试图强化企业生产创造的地方效益，改善企业生产活动的环境影响，降低生产过程的安全风险，以弱化企业运营所形成的地方邻避空间。

（一）以生产线搬迁削弱空间影响

地方管理者通过推进企业生产线异地搬迁，降低设施生产运营过程中的环境污染与安全风险。案例中，在邻避型空间冲突的风险被事故激化之前，企业部分生产线的易地搬迁工作便已开展。其在迁入地的产业园区项目，已于2018年开始运营。对于既有的邻避空间而言，企业主要将风险相对较大的生产项目进行易地搬迁，降低了设施运营带来的环境污染与安全风险，对既有邻避空间进行削弱。

对于异地新建园区而言，项目的建设又同时给当地带来了"增量型"邻避空间生产。因此，产业的转移同时也成为项目所在地兼顾安全风险规避与发展效益的治理协同。

一是从园区建设中的环境影响防控上看，污水处理等存在高风险系数的工作环节均实行外包，专业企业的参与有助于增强建设环节安全系数，改善了企业运营中的环境影响。当地领导则表示："经过我们污水处理之后的水直接可以养鱼。"与此同时，外包也推进了Q药厂的责任转移，从而使其更专注于药品本身的生产。

二是从经济社会发展效益上看，Q药厂的易地搬迁同时成为迁入地多年来引进的重要单体工业项目之一，其为当地带来的可观经济效益、产业结构升级动力、龙头企业带动效应等空间价值，使当地政府部门对其抱有高度的政策热情与发展期待,并成为重要的协同治理力量。

三是在当地项目建设中,Q 药厂发生的安全事故,使得新建厂区的安全防范与应急处置成为不可忽视的议题。为此,当地政府在已投入运营的厂区内,组织安全生产综合应急演练,市应急管理部门、项目所在镇、园区管委会、消防大队、主要化工企业等多方主体参与,以提升安全风险防范与应急处置能力,从而减少因安全事故而激化空间冲突的风险。

(二)强化空间效益的产业升级与技术革新

地方政府在治理过程中,不断重申企业作为地方发展重要引擎的空间功能,从政策层面进一步明确设施运营对地方发展的贡献,以强化关于其空间效益的话语构建。这也反映出管理者在空间治理中的基本立场。

而在强调设施带来的地方效益的同时,地方政府也通过加大对企业科研创新方面的支持和投入,引导邻避空间内的设施运营向环境友好的方向实现转型升级。在 2018 年,Q 药厂同所在区政府签订制剂园项目,推动企业生产运营的转型升级以及城市产业结构的优化。由此,地方政府对于留在当地的生产企业,通过支持其生产规模的扩大与生产体系的转型升级,提升企业在区域发展中的空间功能,削弱企业在发展运营中的空间影响,推进邻避型空间冲突的治理。

四 消解动员基础的邻避空间更新策略

地方政府在针对邻避现象的空间治理过程中,通过推进学校的搬迁以及既有邻避空间的规划更新,重塑了多元主体围绕地方空间利用而形成的空间关系,进而消解了空间冲突风险的动员基础,展现了空间更新作为治理策略的有效性。

(一)学校搬迁下的邻避行动动员结构瓦解

学校的搬迁有力地分化了邻避行动的群体结构和利益关系。学校师生和家长尽管存在着对于原校址及其文化底蕴的情感怀念,但对于搬迁带来的从根本上远离污染企业的政策结果仍予以肯定:"对于家长而言,其根本诉求在于远离药厂,而无论是药厂搬迁还是学校搬迁,都能够符合家长的诉求。"（访谈资料：zg08，H 先生，学校教师）学校师生、家长作为最具有组织性和动员能力的主体而被抽离，这不仅从客观上极大地弱化了地方居民的组织和动员基础，同时也一定程度上降低了公众邻避行动的心理预期："这个事情不是一两个人组织得了的。"（访谈资料：jm01，店铺老板）除此之外，学校搬迁同时扩大了政府空间更新策略的支持群体，对新校区所在片区的居民和房地产企业而言，学校的搬迁实际上是教育设施建设下"邻利空间"的塑造和优化，因而他们对学校的到来持欢迎态度："我们特意从沙盘上准备了一个 V 校的位置，肯定会把这个事放大，我们肯定会主动跟客户提。"（访谈资料：zg06，房地产行业从业者）可以说，这一策略是"搬迁更易搬迁的群体"，因而能够较好地实现政策目标。

其二，学校的搬迁被政府上升到地方教育事业发展的政策议题高度，从区域整体更新的宏观层面上实现教育资源的优化配置。学校搬迁既是以"釜底抽薪"的方式分化邻避行动主体，也是从政策规划角度回应了公众对地方政府"重视经济增长、忽视社会价值"的疑虑。但不可忽视的是，区政府之所以在学校搬迁方面给予了大力的政策支持，一个很重要的前提在于，学校仍是在其行政管辖区域内部进行空间布局调整。对区政府而言，学校搬迁非但没有对全区教育资源带来损失，而且对新校址的建设投入有助于提升全区教育质量，从而使地方政府存在以此推进空间治理的政策动机。

（二）地方发展转型中的空间关系重塑

针对学校搬迁、企业生产车间异地迁建后既有厂区同周边居民之间的矛盾，地方政府通过区域更新发展规划，明确了城市转型发展的目标定位以及药厂所在街道的产业布局要求，以推动地方邻避空间内的要素重构。

为此，该街道开展搬迁安置工程，从而为区域更新提供充足的土地等空间资源。基于这一规划，拆迁安置直接涉及同 Q 药厂存在空间冲突的周边居民。在调研中即有居民表示："（现在药厂留在这里）没有什么

影响，我们也马上要搬。居民自己的房子都要拆迁。拆迁和药厂事故无关。"（访谈资料：jm04，商店老板）

通过涉及邻避空间的更新策略，地方政府将原本属于药厂和周边居民之间的空间冲突风险，上升到区域更新的发展议题，积极推动药厂的转型、教育资源（学校）的空间再配置、居民的整合安置。地方政府以基于区域发展的更新规划，对空间冲突风险中的主体要素进行重构，不仅通过更大空间尺度下的发展议题转移了地方公众的诉求焦点，而且推进空间治理从应急式的情绪消解转向发展式的空间重构。

第五节　本章小结

在"存量型"邻避空间生产中，城市发展逐渐在空间形态变化、空间观念与空间想象演变、空间社会关系调整等方面引发空间要素之间的关系变化，激化了多元主体在空间使用、空间影响等方面的冲突风险。"存量型"邻避空间的生产及冲突的风险升级，是一个在城市发展中逐渐演化的过程。城市发展中人口、资源逐渐集聚，使设施之于地方而言成为从"非邻避空间"向"邻避空间"的生产，以及多元主体空间认识分歧"从无到有"的形成。而设施运营过程中由人为因素导致的安全事故，则是激化空间冲突风险"从弱到强"不断升级的重要原因。

随着"存量型"邻避空间的生产以及冲突风险的演化，其外化的公众行动表现也不断升级，集中表现在公众行动从针对生产运营活动结果、以健康权为代表的权利诉求、频发但规模有限的常规性邻避行动向激烈化转变。后者在权利维度上，表现为地方公众对当前空间生产结果的权利诉求，包括对所受空间影响的知情权、对空间冲突主体的监督权以及推动空间结果调整的政策参与权等；在权力维度上反映了地方公众、企业、地方政府等空间主体分别利用话语、经济、决策等权力资源，推动最大化满足自身需求的空间建构；在价值维度上，表现为对空间结果非正义性的价值争论。

在空间治理中，地方管理者主要试图将空间冲突风险纳入以企业运营优化为枢纽的治理框架下，通过应急性的监管、处罚，快速回应和平息动员起来的行动力量；通过日常性、常态化的监管行为与监管机制，识别冲突风险并及时动态回应；通过引导企业升级转型客观上削弱邻避空间的地方影响，以地方社会结构调整、空间重塑来消解空间冲突的动员基础。

第五章　空间治理：城市邻避空间生产的优化

面向城市现代化转型发展的现实要求，管理者需通过构建促进发展、长效持续的治理机制，激发邻避型空间冲突在重构地方空间关系、引导邻避空间概念重塑、推动治理机制完善等方面具有的积极功能，推动动态、持续、共赢的邻避空间生产。这意味着需契合多元化空间治理导向，切实激发多元治理工具效能，提升治理水平，以邻避设施建设的规划品质提升、决策过程优化、回馈机制运作，在邻避空间生产过程中，平衡空间权力，保障城市权利，捍卫公共价值。

第一节　邻避空间生产的治理定位

一　差异化邻避空间生产情境的治理要求

对于地方政府而言，其治理视野需要超越设施视角，而考虑在邻避空间生产中，如何实现地方空间结构、空间功能运行、空间生活秩序等多方面的可持续发展。而在此基础上，当前邻避空间生产所呈现出的"增量型"和"存量型"情境分化，在空间主体关系、空间认知逻辑、行动诉求指向等方面都存在差异，这些差异不仅对地方政府提出了多元、具体的治理要求，同时也增强了治理的复杂性和难度。

（一）多元化的空间关系及其治理要求

邻避设施的建设、运营推动了地方邻避空间的生产。邻避空间的生产也极大改变着地方上的空间类型布局和空间功能结构，从而转变多元主体在地方空间开发、利用中所形成的空间关系，这种转变过程本身就孕育着多元空间主体间的矛盾风险。邻避设施不同的建设、运行状态，使得多元主体空间权关系的转变过程也存在差异，形成了"增量型"与"存量型"两类主要的邻避空间生产情境。对城市管理者而言，不同情境所带来的治理挑战也各不相同。

一是回应不同情境下多元主体空间关系引发的治理差异。"增量型"的邻避空间生产情境表现为邻避空间对地方自外而内的嵌入，地方政府制定、审批、执行的设施规划和建设决策，是推动这一过程的主要力量。以决策程序的推动为关键环节，"增量型"的邻避空间生产情境主要涉及地方政府同设施建设方、运营方之间的空间权转换，而公众则由于设施可能带来的负面空间影响及其外溢风险，而将不满指向邻避空间生产背后的政策方案和决策过程。而"存量型"邻避空间生产情境，则表现为邻避空间在地方空间中由内而外的触发。随着城市转型发展对人口空间分布、城市空间功能布局等方面的改变，既有设施在运行中所具有的负面影响逐渐转变为影响周边居民居住、生活、工作等日常活动的邻避效应，逐渐生产出邻避空间并导致公众的不满。因此，在"存量型"邻避空间生产所引发的冲突风险中，设施自身的运营往往是公众首先的诉求指向，地方政府在这一情形下往往成为公众所寻求的监管力量。

二是直面差异化情境所带来的治理"双刃剑"。"增量型"邻避空间生产中，冲突风险的形成有着明确的事件节点，公众对设施建设决策的知晓往往是空间冲突风险发生的"信号"，因而对地方政府来说，这一情境下的空间冲突风险易于识别，有助于提前做好治理准备以回应冲突，地方政府在治理中的介入环节也比较明确。但另一方面，这一情境下地方政府、企业同地方公众之间的分歧较强，公众的不满往往直接指向决策过程，因此地方政府必须在第一时间直面公众诉求、回应公众质疑，而这意味着政府需要对自身政策方案制定逻辑、审批与决策过程进行自我解释、自我检查、自我修正乃至自我否定，这种"刀刃向内"的反思无疑加大了治理的压力与难度。对于"存量型"邻避空间生产情境而言，无论是地方政府、企业还是地方公众，都拥有法理上和事实上的空间权，设施在地方上长期运营的既有事实，使得地方公众对于邻避空间影响下的地方空间秩序具有一定的认同基础，这在一定程度上提供了治理资源。但另一方面，这也意味着多元主体的空间权关系更为复杂，不仅地方居民对于空间的日常利用内在地嵌入空间权的转化过程之中，同时由于设施日常运营中对地方经济、社会等方面的影响，不同身份下的公众同设施运营企业之间形成复杂的利益关系。地方政府在治理过程中，需要面对多元的利益主体构成、广泛的空间尺度交织、复杂的社会群体细分。相较于"增量型"邻避空间生产情境中相对尖锐但清晰的矛盾，"存量型"邻避空间生产情境中盘根错节、牵一发而动全身的复杂利益关系则是地方政府的治理挑战所在。

（二）差异性的空间认知及其治理要求

邻避空间的生产，超越了设施本身所形成的物理空间边界，在此基础上还涉及设施在地方上形成的客观影响空间、公众感知所形成的心理空间、互联网动员所形成的虚拟空间。其同时超越了单一功能的空间类型，在设施所形成的生产空间或公共服务空间基础上，还涉及地方居住空间、休闲空间、商业空间、出行空间等多元空间功能整合。不同性质空间与不同功能空间的相互交织，使得多元空间主体在邻避空间生产中形成差异化认知，实际上反映了各主体基于地方空间"交换价值"和"使用价值"的利益关切。对地方政府和设施建设、运营方而言，邻避空间对于优化地方空间功能布局、创造利润和经济效益等方面的"交换价值"成为关注的重点；对于地方公众而言，地方空间之于日常生活的"使用价值"则更为重要。

此外，在不同的邻避空间生产情境下，多元主体之间空间认知差异的形成基础和过程逻辑同样存在差别，这意味着城市管理者对邻避型空间冲突的治理需要对此进行识别，以采取精准的回应行动。

一是识别不同情境下空间概念建构的主要表现。在"增量型"邻避空间生产中，设施往往停留在政策规划层面，作为未形成空间实体的概念。对此，多元主体对邻避空间的认知，主要表现为对于设施建设后地方空间运行状态的空间想象，由此建构起差异化的空间概念。对于地方政府和设施建设方、运营方而言，其空间想象表现为对创造地方社会经济效益的"空间期待"；对于地方公众而言，其既面临长期以来所适应的空间利用方式、日常生活秩序的变动，又要考虑设施建设后尚属未知的地方空间运行状态，从而形成"空间焦虑"。而在"存量型"邻避空间生产情境中，邻避空间成为设施实际运营与其现实影响形成的事实性空间。对此，多元主体对邻避空间的认知，则主要表现为对于设施建设后地方空间运行状态的空间体验，由此建构起差异化的空间概念。对于地方政府和设施运营方而言，其空间体验表现为地方邻避空间的生产、服务在事实上创造的社会经济发展效益；对于地方公众而言，其空间体验则是随着邻避空间的逐渐生产，对自身在日常生活中所遭受损失的感知和评估。由此，"空间效益"和"空间损失"成为"存量型"邻避空间生产情境下两种差异化的空间概念建构方式。

二是识别不同空间概念背后的认知逻辑。"增量型"邻避空间生产下差异化空间想象的建构，实际上反映了多元空间主体建立在不同知识基础上的认知逻辑分歧。在建构和表达空间期待的过程中，地方政府和设施建设方、运营方往往采用基于专业化技术指标的论证，以证明邻避空间对于地方和城市所具有的效益，以及邻避空间负面影响效应对居住、生活等日常空间使用的有限影响，这表现为一种建立在专业知识基础上，依托抽象概念和计算进行推导的认知逻辑。但地方公众在这一过程中，往往依据来自日常生活中相近事件、相似事物、相近场景的体验、类比和想象推理，建构和表达自身的空间焦虑，这表现为一种建立在个体化、具体性的知识基础上，通过互联网等现代信息渠道实现广泛宣传和认知塑造的过程。而"存量型"邻避空间生产下差异化空间体验的建构，则反映了依据结果形成的认知焦点分化，而非基于知识的认知逻辑差异。无论是邻避空间所创造的空间效益还是造成的空间损失都是事实上存在的，因此在对立的空间主体之间，尽管不太存在试图否定对方所建构的空间概念的可能性，但从公众角度看，空间效益的体验往往是间接性、宏观性、分析性的，空间损失的体验则往往是直接的、具体的、感知性的，因而后者更容易塑造公众对地方空间的概念认知。

三是识别不同认知逻辑下空间冲突的治理重点。对于多元主体建立在知识基础上的认知分歧而言，管理者和企业的空间期望，尽管其有着严密的论证体系，但这也意味着公众会在其接受、理解并参与概念建构的过程中面对专业知识壁垒。与此相反，地方公众的空间焦虑，尽管依据的往往是在专业角度上尚有待商榷的推断，但其传播途径、信息载体直观且易于理解，所以极易形成相对广泛的群体认同基础。因此，在"增量型"邻避空间生产中，地方政府需要关注于主体认知的知识基础和推理逻辑特征，将政策话语中的专业概念和抽象计算逻辑转化为易于公众理解的解释，或者寻求设施运营后以相对友好的空间运行状态切实转变公众态度。而面对多元主体基于邻避空间运行事实影响所形成的空间体验，地方政府需对"存量型"邻避空间生产中的冲突风险作出更大的治理努力，即在事实上削弱、转变设施运营所带来的负面效果，以改善地方公众的空间体验。这同时涉及对既有空间要素配置结构的再调整、对设施运营空间的再升级、对地方公众生活空间的再优化，总的来说，即更大的治理成本。或者，一种"退而求其次"的治理方式则是，在每次公众投诉后临时性地调整生产活动，减轻环境影响使公众暂时满意。这种治理方式可以规避上述成本，但地方政府需要给予持续、敏锐的治理精力，随时采取措施疏导公众累积的负面空间体验，以维系动态、相对稳定的治理平衡。

（三）多维度的诉求指向及其治理要求

"增量型"邻避空间生产中，公众围绕建设决策采取行动；在"存量型"邻避空间生产中，公众的邻避行动则围绕设施运营而展开。在具体的实践情境中，公众采取的行动往往聚焦于权利维度、权力维度、价值维度的不同侧面，表达多元、复杂的诉求。其一，不同实践情境下，公众采取的行动聚焦于不同的维度，有着不同的动机和诉求；其二，同一事件中，不同群体因各自的空间利益关系、社会身份，其诉求亦可能聚焦于不同的维度；其三，即便聚焦于同一维度的公众行动，其在不同的实践情境下亦可能指向差异化的具体诉求，并形成多元化的话语策略。这无疑增加了地方政府的治理难度，易使得政府提供的治理政策供给与地方公众的行动诉求之间存在偏离。因此，邻避空间治理的一项重要内容就在于，精准识别和回应不同邻避空间生产情境中公众差异化、多元化的行动诉求。

在权利维度，地方公众为捍卫自身所享有的城市权利采取行动。在行动中，公众试图强调自身作为城市共同体成员，理应在城市建设与发展中得到认同与尊重，理应有权在地方空间的发展、演变中维护自身的空间权益，理应有权享有地方发展所带来的效益，理应有权在涉及自身空间权益的地方空间生产中发声。面向权利的行动诉求在"增量型"邻避空间生产情境中表现为两个方面：一方面指向决策方案内容本身，即要求决策者在政策方案设计时更充分地纳入对地方公众空间权利的考虑，优化方案中的风险规避与风险补偿；另一方面则指向决策过程，即要求自身作为城市一员，有权参与涉及自身空间利用的地方空间生产过程。而权利诉求在"存量型"邻避空间生产中则首先针对空间生产结果所带来的权利损失，进而拓展到公众对于"负面的空间结果何以发生"这一问题在设施运营环节的知情权利。

在权力维度，多元主体为争夺地方空间生产主导权而进行博弈和互动，其以邻避空间的生产为场域，实际上是试图按照各自的期望以影响、控制地方空间生产的方向和过程。这一行动在"增量型"邻避空间生产情境下表现为，公众对邻避空间生产过程中行政权力运作逻辑的质疑，公众试图施加社会力量在其中的影响力，以转变地方空间生产过程和方向。而在"存量型"邻避空间生产的情境下，这一行动则表现为在邻避空间演化的过程中，行政权力、资本力量和社会力量之间的运作方式和博弈过程。

在价值维度，多元空间主体对于城市空间生产的方向、目标，以及城市发展中规范性价值，有着不同的理解和追求。价值维度的诉求在"增量型"邻避空间生产情境下表现为公众质疑邻避空间生产决策在内容、程序等方面的非正当性，将方案可能带来的权利损失、程序上的封闭性、行政权力的主导性上升到地方空间生产对社会公平正义的影响。而这一诉求在"存量型"邻避空间生产的情境下，则指向行政权力、资本力量所追求的地方发展背后的驱动动机和目标立场。

二　"管理主义"与"发展主义"双重驱动下的空间主体行动

通过对国内差异化的邻避空间生产情境考察发现，其在主体、目标、焦点等方面呈现出多元化的特征，增强了邻避治理本身的复杂性，在多元主体对于邻避现象的治理互动之中，隐含着从管理主义倾向到发展主义倾向之间差异性的行动方式，也由此提出了多元的治理目标。

（一）双重驱动交织下的政府行动

地方政府在邻避设施建设之初的政策支持与政策推进，成为"发展主义"导向下典型的行动特征。但同时，"问责制度"明确了对于地方管理者治理评价的"红线"，在长期将邻避现象视作一种负面冲突与异常现象的管理思路下，邻避现象尤其是升级到群体性的激烈行动会给地方管理者带来难以消除的生涯"污点"。

（二）双重驱动交织下的企业行动

从企业的角度看，一方面通过生产和运营活动创造利润是自身发展的题中之义，另一方面邻避效应所带来的运营阻力又是不可避免的管理问题。发展主义和管理主义的双重目标也使企业在削弱自身邻避效应时面临多重策略选择。企业可以通过设备升级、厂区环境改造、生产流程升级以削弱自身对环境、安全、公众心理的负面效应，但会面临生产成本的大幅增加与生产效益的重新评估。由此，企业在生产运营过程中，面对公众抗议与政府监管，多首选通过临时停产整顿平息冲突，以牺牲短期企业生产运营收益换取自身运营阻力的暂时消解，即成本导向下"治标不治本"的策略选择。当厂址选择面临组织化、集中化的公众不满时，企业则以项目停建重新选址、牺牲企业在此地投产运营可能获取的收益为代价，规避未来可能遇到的邻避风险。

（三）双重驱动交织下的公众行动

从地方公众角度看，共享区域发展与捍卫自身权利的诉求并存。共享区域发展具体而言包括两个方面，一是社会成员对区域经济社会发展成果的共同享有，二是社会成员对区域发展中社会成本的公平分配。而自身权利诉求则涉及环境权、健康权、参与权等基本权利，其动机一方面可能来自周边设施运营所带来的客观损失结果，另一方面则可能来自于设施建设之初的建构想象与主观感知。由此在邻避现象中，地方公众的诉求表达与行动逻辑往往呈现出复杂性的态势，不同于"邻避"概念对反对者给予的整体画像，公众对邻避设施的抵制程度各不相同，公众所具有的知识、设施持续的良好运行状态等因素也可促使自身态度转变。从案例中也可以发现，周边居民随着体验到邻避设施停建而带来的公共服务损失，也可能从抵制转向支持。

三 城市转型发展中邻避空间治理的导向

多元空间主体围绕地方空间概念差异化建构、共识缺失和身份认同危机所展开的行动，是邻避型空间冲突发生的空间逻辑，也是其治理的依据。

（一）结果导向的空间认知差异弥合

结果导向的邻避空间治理，指向邻避项目所推动的地方空间生产结果，针对不同空间主体围绕地方空间概念的差异化建构，快速弥合差异，以在短期内实现对邻避行动的迅速控制与平息，这也是化解邻避风险本身、形成相对稳定空间秩序的直接方式。目前实践中多元化的邻避回应策略，大多都可以从这一层面找到自身的治理定位，即通过对设施本身的风险防控和应急处置、疏解公众不满等方式，对设施同公众之间的紧张关系进行一定程度的缓和，换言之即将地方政府、企业基于地方发展的"空间概念"同地方公众基于权益侵害与想象焦虑的"空间概念"之间的差异，弥合到一个相对稳定的水平。在这一水平上，围绕差异化空间建构展开的互动博弈不至于演化为激烈的行动。

实践中，地方管理者基于维护社会秩序稳定的动力与问责的压力，常常将这种治理思路转化为快速产生主导性空间概念的治理行动，以弥合各主体在空间概念上的差异。第一种也是最直接的方式，就是地方政府、建设方、运营方迎合地方公众所建构的"表征的空间"。在"增量型"邻避空间生产中，项目停建成为最主要的妥协策略。而在"存量型"邻避空间生产中，此类策略也并非罕见，例如在2019年，引发全国关注的"3·21"爆炸事故发生不出半月，当地政府就迅速做出决定关闭事发化工园区的决定。通过停建决策与资本撤离，地方管理者和企业将地方公众建构的"表征的空间"快速上升为主导性的空间概念，并予以妥协式的接受与服从。第二种方式则在某种程度上显得相对有些"异类"，表现为促使地方公众迎合管理者、建设运营方建构的"空间的表征"，例如通信运营商通过服务撤离使得公众从抵制基站建设转变为主动寻求服务。

（二）过程导向的共识塑造机制建设

过程导向的邻避空间治理，指向邻避设施规划、决策、建设环节所反映的城市空间生产的体制机制，试图建立多元空间主体共识性空间概念的塑造机制。

城镇化进程中，国家集中力量办大事，推进了城市基础设施建设与公共服务供给的高效发展，实现了城市快速发展与经济快速增长的发展奇迹。但随着城市发展水平的提升、社会利益结构的分化与公众权利意识的觉醒，城市面临更加复杂的发展情境与治理挑战。党的十九届四中全会提出"把我国制度优势更好转化为国家治理效能"的重要命题。[①] 政府主导下的资源配置有效推进了改革开放以来城市的快速发展，但目前政府主导的基础设施建设与公共服务供给在日趋频繁的邻避效应下，或因难以有效落地运营而制约了区域发展效益的提升，或因引发了公众不满而增加了社会治理成本，最终影响城市治理效能。

因此，基于过程导向的邻避现象空间治理，一方面致力于空间概念

---

① 《中共中央关于坚持和完善中国特色社会主义制度 推进国家治理体系和治理能力现代化若干重大问题的决定》，人民出版社2019年版。

共识的塑造机制建设，弥补快速结果导向下长效治理机制的缺失，另一方面致力于提升城市公共服务能力和治理水平。过程导向的邻避空间治理，超越了对邻避型空间冲突事件的"截面式"治理，将其视作城市空间生产进程中，多元化空间概念与利益诉求的表达与权力互动，通过共识塑造机制的建立，增强城市在发展进程中持续应对空间冲突风险的韧性。

（三）发展导向的社会融入与身份认同

发展导向的邻避空间治理，指向邻避设施建设所反映的新时代城市内涵提升与空间重塑趋势，真正实现以人为本、面向高质量发展的城市品质提升，从城市发展效益共享、城市生活品质提升、城市权利充分保障等维度，推进公众的城市社会融入与身份认同。从某种程度上说，改革开放以来城镇化的发展历程，就是不断推进城市居民从城市生存向城市融入的身份认同过程。在快速的城市转型与激烈的城市竞争中，这种身份认同引导并塑造"城市居民对自己的生活方式感到骄傲并努力推广其独特身份认同"的都市自豪感或者说是城市精神。[①] 进入新时代，随着社会主要矛盾的转变，城镇化在持续推进中面临发展模式与发展路径的根本转型，城市既是承载、实现"人民日益增长的美好生活需要"的重要场域，也同时面临着阶层分化、利益结构多元化、生活方式多样化下的"城市马赛克"所带来的复杂治理需求。

邻避现象可以说是城市转型中，城市经济社会效益创造、品质提升同多元主体差异化需求交织之下的典型治理情境。由此，邻避现象的空间治理的最终指向在于，塑造空间概念真正共识，引导管理者、建设者、运营方、地方公众等多元空间主体形成基于邻避设施空间生产效益共享的城市共同体，保障公众"进入城市的权利"，从而实现真正的城市融入与城市身份认同。其关键在于，在围绕邻避设施的城市空间重塑过程中增强公众的"获得感"。其一方面是切实保障地方公众享有邻避设施的建设、运营所创造的经济社会发展、城市服务品质提升等积极空间结果；

---

① ［加］贝淡宁、［以］艾维纳：《城市的精神：全球化时代，城市何以安顿我们》，吴万伟译，重庆出版社 2012 年版，第 11 页。

另一方面则是以多元化的回馈机制切实弥补由邻避设施负面影响引发的相对剥夺感。

第二节　邻避空间生产的治理工具

一　治理工具应用的情境差异

通过对多元化治理策略的考察发现，具体治理工具的选择和使用主要从三个方面展开，即削弱引发冲突风险的空间要素诱因、转变空间主体感知、重构行动主体结构。在此基础上，对邻避型空间冲突的治理以地方政府为主导，综合应用管制性工具、经济性工具、信息工具、组织性工具、市场和志愿性工具等多种治理工具，[①] 面向具体的邻避空间生产情境，回应差异化的空间冲突逻辑，选择针对性的治理策略。

在"增量型"邻避空间生产中，地方政府对相关治理工具的应用，直接面向公众主体，转变地方公众消极的空间想象与空间焦虑，寻求化解空间冲突风险、实现空间治理的基础和条件。从削弱空间要素诱因的层面上，地方政府利用具有强制性特征的治理工具，在建设规划中内在地嵌入对技术配套、外观结构等方面的优化设计，同时利用经济性治理工具，在决策方案中嵌入对于邻避空间风险的补偿，从而弱化引发空间焦虑的物质基础。从转变空间主体感知的层面上，利用参与式决策、座谈协商等组织性工具开放决策过程，利用科普宣传、开放式参观体验等信息性工具，实现不同主体多元化知识结构与认知特征的交流和重塑，转变空间焦虑的认知基础。从重构群体动员结构的层面上，规划决策同样是主要采用强制性工具，如通过区域搬迁与发展规划实现空间住民与空间要素之间的重新配置，或是在决策中内嵌邻利型设施规划从而转

---

① 对于治理工具类型的研究纷繁复杂，不同学者提出了不同的划分依据与类型划分。一般而言，基于国内的治理实践情境，在管制性工具、经济性工具、信息性工具的共识之外，组织性工具、市场和志愿性工具也常被视作重要的治理工具。详细论述见张璋《理性与制度：政府治理工具的选择》，国家行政学院出版社 2006 年版，第 86 页。

变生产出的地方邻避空间。此外，对邻避空间在未来将产生的区域发展效益进行地方回馈，以转变多元主体围绕邻避空间所形成的利益结构与空间关系，也成为重构行动主体结构重要的经济性工具。"增量型"邻避空间生产中主要的空间治理工具见表5-1。

表5-1　　"增量型"邻避空间生产中的空间治理工具

治理层面	工具类型	典型手段与治理情境
削弱空间焦虑的物质基础	强制性工具	设计优化
	经济性工具	风险补偿
转变空间焦虑的认知经验	组织性工具	座谈、协商
	信息性工具	科普宣传、参观体验
重构行动主体	强制性工具	搬迁、规划邻利型设施建设
	经济性工具	发展效益的地方回馈

资料来源：笔者自制。

在"存量型"邻避空间生产中，设施运营引发了运营企业同地方公众之间的对立，但当矛盾进一步升级时，地方公众则会将对设施运营企业的不满诉诸地方政府。因而，地方政府对相关治理工具的应用较为复杂：一方面是作为监管者，对设施运营企业的生产经营活动进行约束；另一方面则是作为公众诉求表达的直接对象，面向公众缓和其邻避动机和行为方式。从削弱空间要素诱因的层面上，通过开展运营监管活动、对违规生产和违法排放行为给予行政处罚等方式，政府运用强制性工具约束邻避设施运营行为；通过政策支持企业技术提升、设备升级、配套设施建设等生产经营活动，政府利用经济性工具激励企业升级转型，从而削弱邻避空间自身的负面效应。从转变空间主体感知的层面上，一是政府借助公众和企业自身风险规避、自我治理的内在驱动，利用公众自我防护、面向企业进行反映、企业自查自纠的运营调适，实现暂时性的动态平衡；二是利用组织性工具，地方政府提供电话投诉、网络举报等制度化沟通渠道，了解公众的不满；三是利用信息性工具，提供环境监测等设施运营信息，对公众抗争诉求予以专业性回应，从而以不同类型的治理工具，为公众负面的空间体验、邻避动机提供表达与疏解渠道。从重构行动主体结构的层面上，面对既成且更加复杂的多元空间主体关系，政府的治理举措多选择搬迁规划、区域更新等手段为代表的强制性工具，基于更加宏观的发展尺度，推动地方空间秩序重构。"存量型"邻避空间生产中主要的空间冲突治理工具见表5-2。

表5-2　　　　"存量型"邻避空间生产中的空间治理工具

治理层面	工具类型	典型手段与治理情境
削弱邻避空间的负面效应	强制性工具	运营监管、行政处罚
	经济性工具	企业升级转型扶持
疏导公众的不满情绪	市场和志愿性工具	自我防护、生产投诉与企业自查
	组织性工具	举报、沟通
	信息性工具	环境监测与信息公示
地方空间秩序重构	强制性工具	搬迁规划、区域更新

资料来源：笔者自制。

二　治理工具的选择及其效果

（一）邻避空间治理工具及其治理实效

邻避空间治理的强制性工具，主要涉及政府部门的规划活动与监管活动。其中，规划活动作为最主要的强制性工具，其治理影响涉及邻避空间治理的不同层面。当前作为治理工具的规划活动，一方面表现在邻避设施本身的建设决策修正，面对"增量型"邻避空间生产及冲突风险，通过调整、补充、优化方案设计，吸纳和回应由建设决策引发的公众邻避动机。但这主要表现为地方政府对公众不满的被动式反馈，体现了管理主义导向下的邻避空间治理，在这一过程中地方政府同样面临治理风险。一是政策的调整在事实上承认了前期基于技术理性的规划所存在的局限性，公众对方案内容的质疑存在上升到质疑方案初衷的风险；二是示范效应可能带来模仿风险，使公众或者愈发将邻避行动视作一种行之有效的反对策略，或者理所当然地将政策调整视作邻避行动的预期目标。另一方面，规划活动还表现在对地方空间的区域更新，以此实现对空间人口、空间环境、空间要素的重新配置，进而重塑多元主体的空间关系，消解空间冲突的动员基础。从某种程度上，这可以称为一种"釜底抽薪"式的治理方式，但这一过程中无论是人口搬迁、设施迁移还是空间的再生产，地方政府都要面对巨大的治理成本。

以转变公众感知为主要指向的组织性工具，在"增量型"邻避空间生产中主要表现为开放式的决策参与和沟通机制，而在"存量型"邻避空间生产中则主要表现为诉求表达平台的提供。但组织性治理工具的应用具有"后置性"特点。在"增量型"邻避空间生产中，这种后置性在一定程度上成为组织性工具治理效能发挥的障碍，地方政府面对决策过程中的公众不满，在事后采取被动式的公众参与和信息开放，这一治理方式在政府信任和参与效果等方面打折扣。组织性工具治理效能的有效发挥，需要从"后置性"向"前置性"转变，内嵌入决策程序的初始环节中。而在"存量型"空间生产中，这种后置性在某种程度上反而成为组织性工具发挥治理效能的有效因素，在这一情境下"后置性"实际上带来了公众不满的表达和疏解渠道，避免短期内公众不满情绪快速积累以及邻避行动的演化升级。

邻避空间治理的经济性工具，主要包含着补偿、激励和回馈三重动机。补偿是地方政府采用经济性工具时的最直接动机，将公众在地方邻避空间中增加的生活成本予以测算和弥补，在一定程度上对于短期快速缓和公众抗议动机起到积极作用，但并未实质上增进居民生活福祉，也并未真正将公众联结成以邻避空间为纽带的空间利益共同体。激励是地方政府面向邻避设施运营方采用经济性工具的主要驱动，以物质性支持或政策性支持的方式激发企业在技术改造、设备革新等方面的转型努力，从而削弱邻避空间的规模和影响。但这在实践中常面临两方面的挑战：一是转型升级作为一个长期的过程，其具有较高的治理成本，以及转型过程中邻避风险的持续影响；二是转型升级所带来的技术改进可能并不必然转化为公众安全体验的提升。回馈这一方式致力于吸纳地方公众，构建以邻避设施为纽带、围绕地方邻避空间效益所结成的空间共同体，但其内在要求多元、复杂的政策体系配合，对于地方政府的治理能力是一个极大的考验。

（二）治理工具应用的特征分析

邻避空间治理的多元工具，主要侧重于发挥政府对多元空间主体进行引导、约束的影响力。换言之，在邻避空间生产中，政府作为主要的空间主体之一，不仅在很大程度上是空间冲突风险的"系铃人"，同时也是治理中关键的"解铃人"。强制性、组织性和经济性治理工具的运作，都建立在优化政府行为的基础之上，进而面向多元空间主体进行引导或约束。然而政府在引导多元空间主体协同治理中的作用则有待进一步提升。此外，治理工具应用的结果多表现为维持邻避空间生产前的地方既有空间秩序，或者在弥补地方公众损失后实现邻避空间生产，总的来说，都是削弱或规避邻避空间生产中地方公众的空间损失，其对于增进区域多元空间主体整体福祉、构建可持续的地方空间生产机制，即发展主义下的空间冲突治理回应不足。

治理工具的选择，反映了地方政府对治理问题和治理目标的认知偏好。在胡德看来，对政府而言，治理工具选择的过程是一种"信仰上或政治上的事物"，资源约束、政治压力、法律约束和以往政策工具中失败的教训是影响政府治理工具选择的主要影响因素。政府在邻避空间治理中的工具选择，往往是在公众监督的压力下进行的，因而政府部门在这一过程中更多地通过调整对自身治理资源的利用方式，实现快速的反应。此外，当面对快速动员起来的公众抗议，相较于进行深入识别并保持长期沟通的复杂治理过程，地方政府倾向于模仿类似事件中的治理路径，后者至少意味着"可预见的治理结果不会那么坏"。因而，政府直接提供的经济补偿、快速开放的沟通渠道乃至迅速调整的决策方案，都是在这一倾向下所做出的工具选择。而近年来各地在拓展空间治理工具应用、寻求长效化治理中取得进展的成功案例，主要以个案呈现，尽管其成为邻避空间治理先进的"标杆"和"典型",但尚未上升为一种可供复制的治理模式。

三 治理工具的优化趋势

近年来,随着治理理念、治理体系与治理技术的优化,同邻避现象相关的治理工具也在不断升级,这些措施渗透在不同主管部门与管理领域之中。其中,既包括针对特定邻避设施所采取的治理工具创新,也包括针对一般性治理体制机制的政策设计。

(一) 强制性工具的科学化、动态化趋势

近年来,针对设施本身的规划逐渐向综合性发展,寻求将邻避现象的空间治理实现在地方空间生产过程的前端。一是规划前置,将邻避设施的配置从增量的空间嵌入转变为存量的空间优化。例如,针对社区邻避设施的建设,将其纳入新建社区配套规划之中;① 针对垃圾焚烧发电厂,鼓励在既有"存量型"设施基础上进行升级改建,或者优化选址建设以预留进一步升级扩建的"存量"空间。② 二是区域评估,政府统一组织整合重要矿产资源、环境影响评价、节能评价、地质灾害危险性评估、地震安全性评价、水资源论证等多重风险评估,并面向区域全部新建企业统一提供评估标准与结果,兼顾提升规划审批效率与保障评估科学性、权威性。③

而针对区域更新的规划则逐渐向专业化方向发展,在当前邻避效应集中显现的主要行业领域中,逐渐将邻避治理同城市产业升级转型的区域更新相结合。一是围绕企业生产技术本身的改造与升级,严格技术标准与环境影响标准,完善企业清洁生产审核制度,通过推进生产技术优

---

① 《国务院办公厅关于推进养老服务发展的意见》,https://www.gov.cn/zhengce/zhengceku/2019-04/16/content_5383270.htm,2019 年 4 月 16 日。

② 《关于印发〈生活垃圾焚烧发电建设项目环境准入条件 (试行)〉的通知》,https://www.mee.gov.cn/gkml/hbb/bgt/201803/t20180323_432980.htm,2018 年 3 月 5 日。

③ 《国务院办公厅关于全面开展工程建设项目审批制度改革的实施意见》,https://www.gov.cn/zhengce/zhengceku/2019-03/26/content_5376941.htm,2019 年 3 月 26 日。

化削减企业环境影响；① 二是围绕产业空间置换的地方产业结构升级，对城市发展中"存量型"邻避空间生产中的空间冲突进行基于资源配置的空间优化治理；② 三是推进新旧动能转换中的产业转型，逐渐淘汰邻避效应强、防控难度较高、地方经济效益下降的落后产能，大力发展邻避效应相对较弱、可持续发展效益强的新动能。③

除此之外，监管活动也逐渐向全程化、动态化转变。一是从事后监管转向全过程系统性监管，诸如在环境领域建立突发环境事件应急管理体系④和环境影响后评价制度，⑤ 在生产安全应急管理领域落实企业主体责任，⑥ 建立系统性的生产安全事故应急管理体系，⑦ 完善应急预案管理⑧，制定多项举措强化事前、事中、事后全过程监管，⑨ 并针对危化企业出台了面向全过程风险防控的操作指南。⑩ 二是通过开展危险化学品领域本质安全水平专项行动、危险化学品安全综合治理、全国污染源普查⑪等专项行动，对风险企业从分散化管理转向全方位、系统化的把握。三

---

① 《生活垃圾焚烧发电厂自动监测数据应用管理规定》，https：//www.mee.gov.cn/xxgk2018/xxgk/xxgk02/201912/t20191202_744979.html，2019 年 11 月 21 日。

② 《关于进一步加强城市生活垃圾焚烧处理工作的意见》，https：//www.mee.gov.cn/gkml/hbb/gwy/201611/t20161124_368164.htm，2016 年 10 月 22 日。

③ 《中共中央　国务院关于全面加强生态环境保护坚决打好污染防治攻坚战的意见》，https：//www.gov.cn/zhengce/2018-06/24/content_5300953.htm，2018 年 6 月 16 日。

④ 《突发环境事件应急管理办法》，https：//www.mee.gov.cn/gkml/hbb/bl/201504/t20150429_299852.htm，2015 年 4 月 16 日。

⑤ 《建设项目环境影响后评价管理办法（试行）》，https：//www.gov.cn/gongbao/content/2016/content_5054735.htm，2015 年 12 月 10 日。

⑥ 《国务院办公厅关于印发危险化学品安全综合治理方案的通知》，https：//www.gov.cn/gongbao/content/2016/content_5148790.htm，2016 年 11 月 29 日。

⑦ 《生产安全事故应急预案管理办法》，https：//www.gov.cn/zhengce/2016-06/03/content_5712841.htm。

⑧ 国家法律法规数据库：《生产安全事故应急条例》，https：//flk.npc.gov.cn，2019 年 2 月 17 日。

⑨ 《国务院关于加强和规范事中事后监管的指导意见》，https：//www.gov.cn/zhengce/content/2019-09/12/content_5429462.htm，2019 年 9 月 12 日。

⑩ 《应急管理部办公厅关于印发〈危险化学品企业生产安全事故应急准备指南〉的通知》，https：//www.mem.gov.cn/gk/tzgg/tz/201912/t20191231_342960.shtml，2019 年 12 月 31 日。

⑪ 《国务院办公厅关于印发第二次全国污染源普查方案的通知》，https：//www.gov.cn/gongbao/content/2017/content_5230267.htm，2017 年 9 月 10 日。

是利用大数据技术提升监管能力，如全面推进垃圾焚烧厂按照有关法律法规和标准规范安装使用自动监测设备，在与生态环境主管部门的监控设备联网①的基础上，进一步确认了监控数据在违法行为自动识别与作为执法证据方面的重要地位。

（二）组织性工具的长效化、制度化趋势

以决策程序开放和诉求表达渠道优化为代表的公众参与，是主要的组织性治理工具，也是邻避空间治理的重要方式，但实践中事后性、被动性的公众参与制约了其治理效能的充分发挥。随着面向现代化的治理转型不断深入，保障公众知情权、参与权的决策程序和表达机制也随之深化，逐渐向长效化、制度化方向发展。一是在项目招投标的规划前置环节纳入对公众知情权的考量，面向社会公布招标公告、中标候选人及其基本信息、中标结果、合同订立等信息。② 二是建立规范化、系统性的重大行政决策程序规定，以制度化、法治化的形式明确了公众和专家参与的具体情形，明确了合法性审查、集体决策为必经程序，并建立起长效的决策责任追究制度。③

（三）信息性工具的参与化、互动化趋势

在保障知情权的决策信息公开的基础上，针对邻避设施的环境监测公示与专业知识宣传也是信息开放的重点领域，信息性工具围绕这些领域，逐渐向参与化、互动化方向发展。一是环境监测信息开放，从单向公示向责任承诺升级，在以往企业厂区主门竖立环境监测数据公示屏的基础上，进一步推进安全风险承诺公告制度，以企业主要负责人的名义每天持续性面向社会公开安全风险承诺。④ 二是专业知识宣传，从单向度

---

① 《生活垃圾焚烧发电厂自动监测数据应用管理规定》，https：//www.mee.gov.cn/xxgk2018/xxgk/xxgk02/201912/t20191202_744979.html，2019 年 11 月 21 日。

② 《国务院办公厅关于推进公共资源配置领域政府信息公开的意见》，https：//www.gov.cn/zhengce/zhengceku/2017-12/28/content_5251177.htm，2017 年 12 月 28 日。

③ 《重大行政决策程序暂行条例》，2019 年 4 月 20 日，国家法律法规数据库，https：//flk.npc.gov.cn。

④ 《应急管理部关于全面实施危险化学品企业安全风险研判与承诺公告制度的通知》，https：//www.gov.cn/zhengce/zhengceku/2018-12/31/content_5438626.htm，2018 年 9 月 4 日。

的专业技术解释升级为双向互动的企业开放与公众参观，推动环境监测、污水处理、垃圾处理、危废处理等关键领域的典型企业定期向公众开放，并在全国范围内分批、持续公布面向公众开放的环保设施和城市污水垃圾处理设施清单。①

（四）经济性工具的多元化、回馈化趋势

对经济性工具背后激励机理的关注，特别是利用经济性工具进行地方回馈，是近年来邻避空间治理工具优化的亮点。一是尝试在垃圾焚烧发电厂建设中采取多元化回馈制度，例如伴随设施建设的地方邻利型公共设施附加，经济效益对地方环境改善、公共服务、科学文化宣传等方面的反哺，供电、供热等项目产品面向地方公众的优惠供给等。二是尝试增强邻避设施面向地方公众的公共服务供给功能，自2006年《国家环保科普基地申报与评审暂行办法》出台后，先后开展六批国家环保科普基地建设评审工作，将放射性废弃物处理、危险废弃物处理、污水处理、垃圾处理、自来水生产等领域具有典型治理经验的邻避项目同时打造为面向公众的科普基地。2019年在此基础上进一步修订《国家生态环境科普基地管理办法》，围绕场馆类、自然保护地类、企业类、科研院所类、教育培训类等科普基地类型，分类对其硬件建设、宣传能力、人才队伍、活动规模进行了明确的标准化要求，以保障和规范科普基地的实际运营效果。由此，围绕反哺地方与知识增进的发展纽带，邻避空间治理从"弥补损失"的补偿手段转向"效益共享"的回馈策略。

四　城市转型发展中邻避空间治理的层次与工具选择

从层次上看，邻避现象的空间治理同时涵盖了地方空间生产结果、城市空间生产中的体制机制、内涵式发展的城市空间重塑等三个层面的协同推进，是空间治理在结果导向、过程导向与发展导向三个维度上的有机统一，也是面向不同层次的多元化治理工具的协同应用（见图5-1）。

① 《关于推进环保设施和城市污水垃圾处理设施向公众开放的指导意见》，https: // www. mee. gov. cn/gkml/hbb/bwj/201705/t20170524_414653. htm，2017年5月5日。

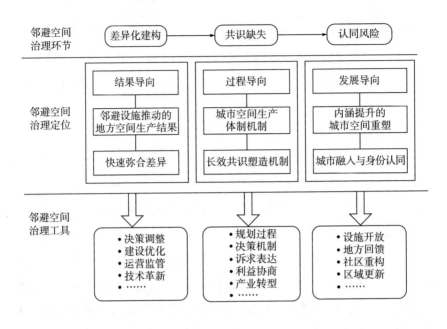

图 5-1 邻避空间治理的工具选择

资料来源：笔者自制。

结果导向的邻避空间治理着眼于地方上的项目建设，在建设环节针对公众抗争诉求调整或修正建设决策、优化建设技术；在企业生产环节引导和促进生产工艺、设备和流程的革新；在监管环节针对企业生产过程与空间影响实施全程、系统、动态监管。这有助于提升设施建设运行中的环境效益与安全保障，削弱设施客观造成的区域负面影响或引发的主观空间焦虑，从而在一定程度上快速弥合不同空间主体差异化的空间概念建构，削弱邻避型空间冲突风险的物质因素。过程导向的邻避空间治理立足城市发展过程，在规划环节转变规划理念、完善规划政策要求，提升规划品质；在决策程序中制定长效、制度化的决策参与机制；在设施运营环节，建设快速识别、持续容纳、动态回应的诉求表达渠道与风险处置机制；在产业转型环节，推进面向城市高质量发展的业态升级与空间置换等产业优化措施。这有助于建立动态、长效的共识塑造机制，转变邻避型空间冲突风险升级的制度因素。发展导向的邻避空间治理以地方共同体建设为目标，以多渠道、多形式、交互式信息交流渠道，转变公众针对邻避设施建设的地方空间概念建构方式；建立多元化回馈机制，以邻避设施为纽带形成空间利益共同体；通过空间要素的再配置，居民社会关系与利益结构重塑、面向可持续发展的区域更新等举措，重塑地方空间秩序。这有助于推进基于地方发展效益共享的城市融入和城市身份认同，化解邻避型空间冲突演化的组织动员基础。

第三节　邻避空间生产的治理路径

邻避空间治理实际上就是围绕"项目""制度"和"人"三个核心要素的空间重构。以邻避设施成功建设运营的空间生产结果实现区域经济效益与公共服务提升；以规划品质提升、决策过程优化、回馈机制运作的空间生产过程实现空间权力平衡、城市权利保障、公共价值捍卫。

一　规划品质提升下的空间要素配置优化

规划是实现邻避空间治理的基本策略，也是最直接和最有效的方式之一。近年来，"多规合一"的国土空间规划体系，是新时代面向高质量发展的治理现代化所推进的一项重大变革，将主体功能区规划、土地利用规划、城乡规划等空间规划融合为统一的国土空间规划，打造涵盖国家、省、市、县、乡（镇），包含国土空间规划、详细规划、专项规划的"五级三类"国土空间规划体系，[①] 以化解具体区域上由于"规划打架"所引发的建设冲突，以及地方管理者变动导致的规划不稳定、随意性等问题。这同样为邻避现象的有效治理提供了有效的治理思路和宝贵的治理契机。在打造"多规合一"的国土空间治理体系基础上，实现具有超前性、整体性、透明性、长效性、动态性的规划优化，是邻避空间治理的重要途径。

---

① 《中共中央　国务院关于建立国土空间规划体系并监督实施的若干意见》，人民出版社2019年版。

（一）充分发挥国土空间规划在邻避空间治理中的基础性优势

在邻避空间治理中，"多规合一"的国土空间规划以现有的地方空间结构为基础，以面向高质量发展的空间秩序为展望，整合、优化与明确地方土地利用性质，将用地控制、发展地位、居民需求有机统一。在此基础上，一是基于大数据所提供的理念、程序与技术，提升规划的透明性，转变对于规划信息公开的认识，将其视为大数据时代对于地方公众的重要信息型公共服务供给，而不仅仅是城市发展与项目建设必须履行的政策程序要求，推动规划信息公开从对公众知情参与权的保障，进一步成为提升公众生活品质与城市融入的服务。二是拓展规划信息公开的渠道和方式，在政策共识与媒体报道的基础上，探索将规划信息公开下沉至社区，从专业技术和政策话语向公众生活话语转化，使公众了解周边地方空间的用地分布、未来可能推进的空间生产行动，并在此基础上实现决策参与。三是拓展信息公示技术，以可视化、交互式、动态化的形式拓展公众信息获取与决策参与手段，使公众基于互联网与空间定位技术，快速、全面了解并参与空间规划下的地方土地利用现状与近期建设规划。

（二）在差异化治理情境下保障规划工具所发挥的治理效能

在国土空间规划的治理优势基础上，针对不同类型的建设规划情境，采取差异化的治理策略，保障规划工具所发挥的治理效能。

一是针对新建社区的相关建设规划。重视配套规划下的"超前规划"与"规划前置"，根据地方发展规划，在社区建设中明确配套的公共设施规划以及邻近空间范围内的相关工程项目建设规划，由此将邻避设施推动的地方空间生产前置到社区建设之中，从一种传统"外嵌式"的增量空间生产转变为基于规划和概念的"建构式"的存量空间生产，并通过基于大数据的多元化信息开放，保障公众的充分知情。对地方公众而言，在充分知情的情况下选择在新建社区内居住，实际上是以基于市场机制的"契约"行为接受了邻避设施推动的地方空间概念，即塑造起地方空间概念共识，由此规避"增量型"邻避空间生产中的冲突风险。

二是针对既有社区周边与地方空间秩序的"增量型"邻避设施建设。这是当前最普遍的邻避空间生产情境。针对此类设施建设，从规划环节，在多规合一保障用地规划合法性、合规性的基础上，将地方发展愿景、共享型地方效益回馈、协同共治的决策参与机制内在地嵌入规划内容与程序之中，最大程度地回应多元化的邻避动机，最大可能地改变行动主体结构，并通过协商达成共识。

二　依托决策优化的共识塑造长效机制建设

在面对社会利益结构分化、权利意识提升、社会动员能力增强等社会转型进程中，建立尊重差异、协同参与、有效协商与共识塑造的长效机制，是实现邻避空间治理不可忽视的重要内容。

（一）完善邻避设施空间生产的决策机制，优化邻避治理体系

其一是构建多方参与的决策机制，在制度化的决策参与程序设计基础上，构建地方政府、建设者、运营商、地方公众、专家学者、新闻媒体、网络自媒体与意见领袖等多方相关空间主体共同参与的城市发展机制。一方面避免空间生产建设过程中行政权力和企业资本主导的"增长联盟"对地方公众形成"空间挤压"，另一方面将邻避空间治理从针对设施建设引发的地方空间生产结果的"末端治理"转向推动地方空间生产的全过程治理。

其二是保障空间主体平等协商的地位，转变对于邻避抗争群体"自私、非专业"的负面群体标签，以及对邻避现象本身"消极、恐慌"的"污名化"评价，真正将参与的多元空间主体视作形成地方空间概念共识、推进致力于地方发展的空间生产过程的治理伙伴。

其三是从理解差异到共识塑造，邻避空间生产的决策过程不能急于"一蹴而就"，基于协商的决策参与应首先致力于差异立场间的对话和理解，在此基础上缓和既有的空间冲突风险，进而寻求相互的理解和共识，围绕地方空间概念建构形成一致意见。

其四是完善针对邻避情结的识别、表达与回应机制，基于现代化的治理体系与治理技术，对公众邻避情结及时进行识别与精准回应，在

"增量型"邻避空间生产中识别公众邻避情绪以及时优化决策过程、完善决策品质；在"存量型"邻避空间生产中识别公众邻避行动以及时强化对既有设施的运营监管，激励设施生产工艺与生产流程的改进。

（二）发挥社区在决策优化中的治理潜力，提升邻避治理能力

提升社区居民自我组织、自我管理、自我发展能力，推进基层治理创新，是治理现代化的重要内容。社区在推进参与协商、引导共识塑造方面具备特有的治理潜力和治理优势，是优化邻避空间生产决策，提升邻避空间治理能力的有利资源。

一是转变治理理念，充分认识到社区公众自我动员的治理潜力。技术赋权下公众自我动员、自我组织能力的强化，反映出邻避行动从自利性向更高公共价值实现的升级，也同时表现出社区公众在邻避现象中的自我治理潜力。通过决策制度的优化，引导社区公众的治理潜力从发动不配合向塑造地方发展共识转变，是实现邻避空间治理的有效途径。

二是将社区层面的民主决策机制作为优化邻避设施空间生产决策的重要支撑。邻避建设项目涉及两个基本问题，即基于地方发展目标的"项目建设、运营之必要"与基于项目地方效益最优化的"现行运营方式与选址方案之必要"。对于这两个问题的建设决策往往诉诸专业性的政策话语和技术话语，同地方公众日常生活话语之间存在差异，而基于社区层面的参与机制则对于弥合决策中的话语差异提供重要渠道。依托民主恳谈会、社区议事会等多元化的社区协商议事机制，基于社区生活与治理情境，转译抽象的地方发展政策与技术话语，并识别、整合居民多元化的诉求，引导其通过集中化、制度化渠道进入决策环节。充分发挥社区工作者、党员群众、社区意见领袖在促进群体沟通、转变公众观念等方面的治理优势，在宏观层面落实决策制度设计，在中观层面整合社区诉求，在微观层面重塑居民社会关系，推进观点沟通与共识塑造。

三　以邻避设施为纽带的空间利益共同体与城市融入

邻避空间治理最终指向公众的城市融入与城市身份认同。目前对邻避现象的治理多集中在控制和补偿邻避设施对周边居民产生的负外部性，

而近年来在邻避设施建设与运营方面实现互利共赢的成功治理典型逐渐增多，其共同特征是将治理的重点放在邻避设施所带来的发展增益，实现邻避设施带来的区域发展效益对周边居民的覆盖和回馈。对于邻避空间治理而言，这意味着从共享发展而非补偿损失的角度，围绕邻避设施效益共享来构建空间利益共同体，使地方公众得以实现"进入城市的权利"和"按照期望改造城市"的权利，从而在面向高质量发展的城镇化转型发展阶段，推动城市居民增强城市高质量发展的"获得感"，真正实现城市融入，形成城市身份认同。

（一）推进地方公众基于"效益共享"的空间概念建构

推进邻避设施空间生产中的"空间修复"。相关理论研究和实践进展都证明，环境友好型的邻避设施规划与设计在邻避空间治理中具备有效性。对"增量型"邻避空间生产而言，须在设施建设环节采用同周边环境相契合的外观设计和色彩选择，围绕邻避设施及其周边环境进行景观营造，修复邻避设施建设所破坏的景观形态，提升环境品质，缓解邻避设施从空间结构上对地方公众造成的主观体验下降与随之而来的空间焦虑；对"存量型"邻避空间生产而言，须针对其运营中产生的污染物所破坏的建筑进行清洁修复，使之产生愉悦的视觉体验。

加强基于共享发展的"邻利效应"宣传。地方公众不仅利用互联网信息传递，第一时间扩散设施可能带来的负面威胁，并快速传播和学习其他地方居民针对同类设施的抗争行动，而且利用多元化信息传播渠道实现邻避行动的动员。现代信息技术发展极大增强了公众在公共领域的"技术赋权"，但其对管理者的技术赋能尚未在邻避治理中充分展现出来。对此，一方面需利用现代化信息传播渠道进行"邻利效应"宣传，对于当前国内实现互利共赢的成功案例，就其治理举措、成功经验、居民态度等方面进行提炼和宣传，潜移默化地转变公众"逢建就要闹"的思维惯性和"逢闹就得停"的结果预期，引导公众"对立式"的传统空间概念向"共享型"新型空间概念转变。另一方面，须利用现代化技术手段实现专业技术知识普及的广泛性和渗透性，打造线上、线下相结合的多元化信息传播渠道。线上宣传可在传统的官方技术问答与媒体报道之外，利用近年来发展迅速、受众广泛的短视频录制、网络直播等方式，充分利用微博、微信、视频客户端等平台拓展信息传播渠道；线下可激发社区治理潜力，如开展线下讲座，组织相关设施与管理机构的社会开放与集体参观等。这有助于避免夸大设施负面效应、缺乏严谨表述的"伪科学"信息对舆论高地的抢占，转变公众对于邻避设施的认知，乃至转变对邻避设施所涉及的相关行业的认知，并增进政府信任。

（二）依托回馈机制的效益共享空间关系建构

邻利回馈机制建设，旨在弥合与平衡邻避设施所带来的效益同风险在空间上的分配失衡。相较于"补偿"而言，"回馈"在两个方面有着独特的治理内涵。一是从治理思维上，补偿体现了一种对抗思维，将公众作为邻避设施建设运营的对立方，以弥补损失换取抗争行动的妥协；回馈则体现了一种共赢思维，使公众能够从邻避设施促进的地方发展中获益，由此引导公众成为支持建设决策和项目运营的治理伙伴。从治理方式上，补偿往往表现为一次性、事后性的物质性弥补；回馈则表现为持续性、全程性的多渠道互惠。具体而言，建立邻避空间生产中的回馈机制，主要表现在服务性回馈与经济性回馈两个方面。

一是探索邻避设施的公共服务回馈。如公共产品优惠供给、地方公共服务附加、设施社会开放等，增强邻避设施对周边公众所带来的"邻利效应"。公共服务回馈，是指在邻避设施运营过程中，向受其负面影响的地方公众提供一定优惠程度的产品和服务。当前在垃圾焚烧发电厂运营中对周边居民提供的优惠供电、供热服务则是其中有益探索。公共服务附加，是指在邻避设施建设过程中，向受其负面影响的地方公众提供配套邻利型公共设施建设，如绿地、广场、公园等公共空间，一方面拓展公众的城市空间利用能力和空间权利，另一方面实现邻避设施所在区域的景观营造与空间修复。设施社会开放则是开门迎客，建设参观展厅与环保基地，向公众呈现透明的生产环节与环保举措，一方面通过增强邻避设施的开放性和互动参与性，消弭由于信息不对称而导致的邻避风险感知与负面空间想象，进而缓解公众空间焦虑，引导公众建构邻利共享的空间概念，另一方面提升邻避设施在文化服务供给等方面的公共属性与邻利效应。

二是建立经济回馈制度，实现设施带来的区域发展效益对地方公众的"反哺"。台湾省新北市八里垃圾焚烧发电厂所采取的"回馈金"制度、广东省在居民生活垃圾处置设施建设中建立的"生态补偿金"制度等，就是在特定领域探索持续、长效的经济性回馈机制。这些举措将企业生产经营所创造的部分发展效益，回馈投入设施所在区域的环境治理、公共服务改进、文化建设等领域，将针对个人的物质性补偿转变为面向区域整体生活品质提升的可持续发展，从而以邻避设施运营为纽带，将地方公众、邻避设施运营方、地方政府构建为共享邻避设施地方增益的利益共同体。

（三）推进共享发展的空间要素重构

这一路径指向既有邻避设施推动的"存量型"邻避空间生产，空间要素重构主要涉及项目运营优化、产业转型升级与区域更新中的共同体构建与维系。

一是在项目运营优化方面，平衡三对关系。其一是公众邻避风险监督同企业生产经营的平衡。企业在生产环节动态回应地方公众的邻避情结，将邻避风险控制在公众接受的阈值范围内，在此基础上发挥空间回馈对于地方公众的邻利效应。其二是政府推动的地方发展同公众生活体验间的平衡。以制度性渠道吸纳地方公众表达的风险感知与邻避诉求，并通过落实至企业的运营监管予以及时响应和信息公开，以纾解公众的负面空间体验，在保障公众监督权、参与权、知情权的基础上提升公众"获得感"。其三是政府监管同企业经营的平衡。进入新时代的城市转型发展阶段，在深化"放管服"改革、优化营商环境的过程中，政府需在提升政府服务水平以减少对企业建设、生产、经营活动的不必要干预，同审慎决策、动态监管邻避风险企业建设、运营之间，寻求治理平衡。

二是产业转型升级方面，加快实现新旧动能转换，推进产业转型、空间置换与产业转移。一方面，就产业迁出地而言，邻避设施面向周边居民提供的就业岗位、由企业吸引的周边商业业态等，往往是企业同周边居民维系空间利益关系的重要方式。产业转型过程中，面对新旧产业空间置换的"空窗期"、产业升级后对劳动力素质要求的提升，如何通过引导周边居民合理就业、提升职业技能等方式，避免由于空间利益关系断裂而导致的地方融入受阻，是维系空间治理共同体的重要考量。另一方面，就产业迁入地而言，其实际上面对的是"增量型"空间生产中的空间冲突风险及其治理议题，因而在产业转型过程中，需要通过统筹规划、决策协同，对迁入地空间利用进行合理的要素规划、长效持续的开放决策以及空间利益共同体构建，实现迁入地的邻避空间治理。

三是在区域更新方面，以空间重塑化解风险。这一过程普遍伴随着企业或地方公众的整体性搬迁。在企业搬迁方面，同样应将基于整体规划、开放决策与空间共同体构建的迁入地"增量型"邻避空间治理作为推进区域更新的前置环节；在地方公众搬迁方面，应在保障搬迁安置合理利益补偿的情况下，结合高质量的地方空间规划，于迁入地构建共享型空间秩序，从而保障公众在生活品质、权利实现等方面的"获得感"与城市融入。

参考文献

《中共中央关于进一步全面深化改革　推进中国式现代化的决定》，人民
　　出版社 2024 年版。

习近平：《高举中国特色社会主义伟大旗帜　为全面建设社会主义现代化
　　国家而团结奋斗——在中国共产党第二十次全国代表大会上的报告》，
　　人民出版社 2022 年版。

《中共中央关于坚持和完善中国特色社会主义制度　推进国家治理体系和
　　治理能力现代化若干重大问题的决定》，人民出版社 2019 年版。

《中共中央国务院关于建立国土空间规划体系并监督实施的若干意见》，
　　人民出版社 2019 年版。

习近平：《决胜全面建成小康社会　夺取新时代中国特色社会主义伟大胜
　　利——在中国共产党第十九次全国代表大会上的报告》，人民出版社
　　2017 年版。

中共中央文献研究室编：《习近平关于社会主义经济建设论述摘编》，中
　　央文献出版社 2017 年版。

包亚明主编：《现代性与空间的生产》，上海教育出版社 2003 年版。

毕天云：《社会冲突的双重功能》，《思想战线》2001 年第 2 期。

曹海军，孙允铖：《空间、权力与正义：新马克思主义城市政治理论评
　　述》，《国外社会科学》2014 年第 1 期。

曹海军：《城市政治理论》，北京大学出版社 2017 年版。

曹现强、张福磊：《我国城市空间正义缺失的逻辑及其矫治》，《城市发展
　　研究》2012 年第 3 期。

陈进华：《中国城市风险化：空间与治理》，《中国社会科学》2017 年第
　　8 期。

陈易：《转型时代的空间治理变革》，东南大学出版社 2019 年版。

陈映芳等：《都市大开发：空间生产的政治社会学》，上海古籍出版社
　　2009 年版。

陈忠：《城市权利：全球视野与中国问题——基于城市哲学与城市批评史
　　的研究视角》，《中国社会科学》2014 年第 1 期。

邓集文：《中国城市环境邻避风险的包容性治理研究》，中国社会科学出
　　版社 2022 年版。

杜健勋：《邻避风险的环境法治理研究》，中国社会科学出版社 2022
　　年版。

段哲哲、王天凤、曾言：《城市空间政治研究 20 年》，《公共行政评论》
　　2023 年第 2 期。

冯仕政：《社会冲突、国家治理与"群体性事件"概念的演生》，《社会
　　学研究》2015 年第 5 期。

傅歆：《空间批判理论与城市正义的建构》，《浙江社会科学》2018 年第
　　5 期。

高芳芳：《环境传播：媒介、公众与社会》，浙江大学出版社 2016 年版。

郭世英、赵东海：《习近平关于空间正义重要论述的系统探析》，《系统科
　　学学报》2020 年第 3 期。

韩晶：《城市消费空间：消费活动·空间·城市设计》，东南大学出版社
　　2014 年版。

韩志明：《行动的选择与制度的逻辑——对"闹大"现象的理论分析》，
　　《中国行政管理》2010 年第 5 期。

何艳玲：《"法律脱嵌治理"：中国式邻避纠纷的制度成因及治理》，《中
　　国法学》2022 年第 4 期。

赫曦滢：《城市空间的政治逻辑：进路与走向》，《深圳大学学报》（人文
　　社会科学版）2018 年第 5 期。

胡德：《权力空间过程与区域经济发展》，东南大学出版社 2014 年版。

胡洁人：《使和谐社区运转起来：当代中国城市社区纠纷化解研究》，上海人民出版社 2016 年版。

胡象明、高书平：《邻避风险沟通场域中的话语之争、现实困境及对策研究》，《郑州大学学报》（哲学社会科学版）2022 年第 4 期。

黄振威：《政府决策视野下的邻避治理研究》，人民出版社 2020 年版。

冷向明、吴旦魁：《空间叠加与社区治理机制适配性研究》，《华中科技大学学报》（社会科学版）2023 年第 5 期。

李强、陈宇琳、刘精明：《中国城镇化"推进模式"研究》，《中国社会科学》2012 年第 7 期。

李强、杨开忠：《城市蔓延》，机械工业出版社 2007 年版。

李秀玲：《空间正义理论的基础与建构——试析爱德华·索亚的空间正义思想》，《马克思主义与现实》2014 年第 3 期。

刘铭秋：《城市更新中的空间冲突及其化解》，《城市发展研究》2017 年第 10 期。

刘小峰、吴孝灵：《基于公众认知的项目邻避风险管理研究》，南京大学出版社 2020 年版。

刘兆鑫：《空间政治下的城市发展与城市治理》，中国社会科学出版社 2020 年版。

刘智勇等：《邻避冲突治理研究》，电子科技大学出版社 2017 年版。

鲁达非、江曼琦：《互联网时代的城市空间演化与空间治理策略》，《南开学报》（哲学社会科学版）2020 年第 2 期。

陆铭：《空间的力量：地理、政治与城市发展》，格致出版社 2017 年版。

陆小成：《新型城镇化的空间生产与治理机制——基于空间正义的视角》，《城市发展研究》2016 年第 9 期。

潘泽泉、刘丽娟：《空间生产与重构：城市现代性与中国城市转型发展》，《学术研究》2019 年第 2 期。

彭宗超等：《社会稳定与风险治理》，清华大学出版社 2023 年版。

强乃社：《城市空间化及空间正义化——一场围绕苏贾〈寻求空间正义〉争论的回顾与反思》，《学习与探索》2016 年第 11 期。

乔恩·皮埃尔、陈文、史滢滢：《城市政体理论、城市治理理论和比较城市政治》，《国外理论动态》2015 年第 12 期。

任政：《空间正义论：正义的重构与空间生产的批判》，上海社会科学院出版社 2018 年版。

桑劲、董金柱：《"多规合一"导向的空间治理制度演进——理论、观察与展望》，《城市规划》2018 年第 4 期。

孙全胜：《列斐伏尔"空间生产"的理论形态研究》，中国社会科学出版社 2017 年版。

孙小逸：《空间的生产与城市的权利：理论、应用及其中国意义》，《公共行政评论》2015 年第 3 期。

谭爽：《从前传到后传：公民性视域下能源设施邻避危机的治理转型》，新华出版社 2020 年版。

陶鹏、童星：《邻避型群体性事件及其治理》，《南京社会科学》2010 年第 8 期。

汪民安：《空间生产的政治经济学》，《国外理论动态》2006 年第 1 期。

王佃利、王玉龙、于棋等：《邻避治理：城市邻避风险的情景识别及应对》，北京大学出版社 2023 年版。

王佃利等：《邻避困境：城市治理的挑战与转型》，北京大学出版社 2017 年版。

王海荣、韩建力：《中华人民共和国成立 70 年以来城市空间治理的历史演进与政治逻辑》，《华中科技大学学报》（社会科学版）2019 年第 5 期。

王奎明、张贤桦：《邻避设施回馈金制度：重塑政府公信力的路径借鉴——来自台湾的经验》，《台湾研究集刊》2018 年第 1 期。

王丽娟：《城市公共服务设施的空间公平研究——以重庆市主城区为例》，云南大学出版社 2016 年版。

温权：《西方马克思主义城市空间批判的生命政治进路——从列斐伏尔、索亚到卡斯特》，《苏州大学学报》（哲学社会科学版）2022年第5期。

吴涛：《城市化进程中的邻避危机与治理研究》，格致出版社、上海人民出版社2018年版。

吴晓林、侯雨佳：《城市治理理论的"双重流变"与融合趋向》，《天津社会科学》2017年第1期。

谢涤湘、吴淑琪、常江：《邻避设施空间分布特征及其与周边住宅价格的关系——广州案例》，《地理科学进展》2023年第1期。

谢岳：《城之国治：城市政治的中国叙事》，北京大学出版社2018年版。

熊竞等：《从"空间治理"到"区划治理"：理论反思和实践路径》，《城市发展研究》2017年第11期。

熊小果：《大卫·哈维"空间政治经济学"思想的批判限度》，《当代经济研究》2021年第2期。

徐祖迎、朱玉芹：《邻避治理：理论与实践》，上海三联书店2018年版。

颜昌武、许丹敏、张晓燕：《风险建构、地方性知识与邻避冲突治理》，《甘肃行政学院学报》2019年第4期。

杨雪锋、李爽、熊孟清：《基于社区营造视角的环境邻避效应治理对策初探》，《南京工业大学学报》（社会科学版）2018年第5期。

姚尚建：《城市权利：公共治理的历史演进与角色回归》，北京大学出版社2019年版。

姚尚建：《城市政治：正义的供给与权利的捍卫》，北京大学出版社2015年版。

叶裕民、王晨跃：《改革开放40年国土空间规划治理的回顾与展望》，《公共管理与政策评论》2019年第6期。

张京祥、夏天慈：《治理现代化目标下国家空间规划体系的变迁与重构》，《自然资源学报》2019年第10期。

张京祥：《西方城市规划思想史纲》，东南大学出版社2005年版。

张乐：《邻避冲突解析与源头治理》，社会科学文献出版社2017年版。

张明军：《社会冲突：破坏抑或建构——基于典型样本的现实解读》，《行政论坛》2015 年第 1 期。

张天勇、王蜜：《城市化与空间正义——我国城市化的问题批判与未来走向》，人民出版社 2015 年版。

张振华：《社会冲突与制度回应：转型期中国政治整合机制的调适研究》，天津人民出版社 2016 年版。

中共中央党校（国家行政学院）应急管理培训中心主编：《应急管理典型案例研究报告（2018）》，社会科学文献出版社 2018 年版。

中共中央组织部组织编写：《贯彻落实习近平新时代中国特色社会主义思想在改革发展稳定中攻坚克难案例·生态文明建设》，党建读物出版社 2019 年版。

周立斌、王希艳、朱怡蓉等编著：《空间政治经济学：区域经济学研究的一个批判视角》，经济科学出版社 2014 年版。

周杨：《城市政治学的三维视角》，《重庆社会科学》2015 年第 12 期。

庄立峰、江德兴：《城市治理的空间正义维度探究》，《东南大学学报》（哲学社会科学版）2015 年第 4 期。

庄友刚：《空间生产与资本逻辑》，《学习与探索》2010 年第 1 期。

［澳］德波拉·史蒂文森：《城市与城市文化》，李东航译，北京大学出版社 2015 年版。

［德］盖奥尔格·西美尔：《社会学：关于社会化形式的研究》，林荣远译，华夏出版社 2002 年版。

［法］亨利·列斐伏尔：《空间的生产》，刘怀玉等译，商务印书馆 2022 年版。

［法］亨利·列斐伏尔：《空间与政治（第二版）》，李春译，上海人民出版社 2015 年版。

［法］勒·柯布西耶：《光辉城市》，金秋野、王又佳译，中国建筑工业出版社 2011 年版。

［法］米歇尔·福柯：《安全、领土与人口》，钱翰、陈晓径译，上海人民

出版社 2010 年版。

［古希腊］亚里士多德：《政治学》，吴寿彭译，商务印书馆 1965 年版。

［加］贝淡宁、［以］艾维纳：《城市的精神：全球化时代，城市何以安顿我们》，吴万伟译，重庆出版集团重庆出版社 2012 年版。

［加］简·雅各布斯：《美国大城市的死与生（纪念版）》，金衡山译，译林出版社 2006 年版。

［美］C. 赖特·米尔斯：《权力精英》，李子雯译，北京时代华文书局 2019 年版。

［美］L·科塞：《社会冲突的功能》，孙立平等译，华夏出版社 1989 年版。

［美］R. 罗伯特·布鲁格曼：《城市蔓延简史》，吕晓惠、许明修、孙晶译，中国电力出版社 2009 年版。

［美］埃姆·格里芬：《初识传播学：在信息社会正确认知自我、他人及世界》，展江译，北京联合出版公司 2016 年版。

［美］艾拉·卡茨纳尔逊：《马克思主义与城市》，王爱松译，江苏教育出版社 2013 年版。

［美］爱德华·W. 苏贾：《寻求空间正义》，高春花、强乃社等译，社会科学文献出版社 2016 年版。

［美］彼得·马库塞等主编：《寻找正义之城：城市理论和实践中的辩论》，贾荣香译，社会科学文献出版社 2016 年版。

［美］布赖恩·贝利：《比较城市化》，顾朝林等译，商务印书馆 2010 年版。

［美］达契尔·克特纳：《权力的悖论：影响力，怎样获取，又是如何失去的》，胡晓姣、李想、刘辛未译，中信出版社 2016 年版。

［美］戴维·哈维：《叛逆的城市：从城市权利到城市革命》，叶齐茂、倪晓晖译，商务印书馆 2014 年版。

［美］戴维·哈维：《正义、自然和差异地理学》，胡大平译，上海人民出版社 2015 年版。

［美］丹尼斯·R. 贾德、［美］托德·斯旺斯特罗姆：《美国的城市政治》，于杰译，上海社会科学院出版社 2017 年版。

［美］狄恩·普鲁特、金盛熙：《社会冲突：升级·僵局及解决（第 3版）》，王凡妹译，人民邮电出版社 2013 年版。

［美］凯文·林奇：《城市意象》，方益萍、何晓军译，华夏出版社 2001年版。

［美］罗伯特·E 帕克、［美］伯吉斯：《城市：有关城市环境中人类行为研究的建议》，杭苏红译，商务印书馆 2020 年版。

［美］乔纳森·H. 特纳：《社会学理论的结构（第 7 版）》，邱泽奇、张茂元等译，华夏出版社 2006 年版。

［美］乔治·瑞泽尔：《当代社会学理论》，刘拥华译，上海文化出版社2021 年版。

［美］苏珊·S. 费恩斯坦：《正义城市》，武烜译，社会科学文献出版社2016 年版。

［美］唐·米切尔：《城市权：社会正义和为公共空间而战斗》，强乃社译，苏州大学出版社 2018 年版。

［美］约翰·R. 洛根，［美］哈维·L. 莫洛奇：《都市财富：空间的政治经济学》，陈那波等译，格致出版社、上海人民出版社 2016 年版。

［英］艾伦·哈丁、［英］泰尔加·布劳克兰德：《城市理论：对 21 世纪权力、城市和城市主义的批判性介绍》，王岩译，社会科学文献出版社2016 年版。

［英］彼得·桑德斯：《城市政治：社会学角度之阐释》，夏家驷、时汶译，商务印书馆 2021 年版。

［英］布赖恩·特纳编：《Blackwell 社会理论指南（第 2 版）》，李康译，上海人民出版社 2003 年版。

［英］戴维·贾奇、［英］格里·斯托克、［美］哈罗德·沃尔曼编：《城市政治学理论》，刘晔译，上海人民出版社 2009 年版。

［英］多丽·马西：《保卫空间》，王爱松译，江苏教育出版社 2013 年版。

［英］杰里米·克莱普顿、［英］斯图亚特·埃尔顿编著:《空间、知识和权力——福柯与地理学》，莫伟民、周轩宇译，商务印书馆 2021年版。

［英］肯尼斯·E·博尔丁:《权力的三张面孔》，张岩译，经济科学出版社 2012 年版。

［英］乔纳森·S. 戴维斯、［美］戴维·L. 英布罗肖主编:《城市政治学理论前沿（第 2 版）》，何艳玲译，格致出版社、上海人民出版社 2013年版。

［英］约翰·伦尼·肖特:《城市秩序:城市、文化与权力导论》，郑娟、梁捷译，上海人民出版社 2015 年版。

Andersen, Niels Åkerstrøm, and Inger Sand（eds）, *Hybrid forms of governance*: *Self-suspension of power*, Berlin: Springer, 2011.

C. Mclachlan, "'You Don'T Do a Chemistry Experiment in Your Best China': Symbolic Interpretations of Place and Technology in A Wave Energy Case", *Energy Policy*, Vol. 37, No. 12, December 2009.

Carissa Schively Slotterback, "Understanding the NIMBY and LULU Phenomena: Reassessing Our Knowledge Base and Informing Future Research", *Journal of Planning Literature*, Vol. 21, No. 3, February 2007.

Christopher R. Jones, J. Richard Eiser, "Identifying Predictors of Attitudes Towards Local Onshore Wind Development with Reference to An English Case Study", *Energy Policy*, Vol. 37, No. 11, November 2009.

Clive Barnett, "Geography and The Priority of Injustice" *Annals of The American Association of Geographers*, Vol. 108, No. 1, September 2017.

Dan Van der Horst, "NIMBY or Not? Exploring the Relevance of Location and the Politics of Voiced Opinions in Renewable Energy Siting Controversies", *Energy Policy*, Vol. 35, No. 5, May 2007.

Deborah G. Martin, "Regional Urbanization, Spatial Justice, and Place", *Urban Geography*, Vol. 32, No. 4, May 2013.

Douglas Easterling, "Fair Rules for Siting a High-Level Nuclear Waste Repository", *Journal of Policy Analysis and Management*, Vol. 11, No. 3, 1992.

Douglas J. Lober, "Resolving the Siting Impasse: Modeling social and Environmental Locational Criteria with a Geographic Information System", *Journal of the American Planning Association*, Vol. 61, No. 4, December 1995.

Douglas J. Lober, "Why Not Here?: The Importance of Context, Process, And Outcome on Public Attitudes Toward Siting of Waste Facilities", *Society and Natural Resources*, Vol. 9, No4, July 1996.

Felicity Armstrong, "Landscapes, Spatial Justice and Learning Communities", *International Journal of Inclusive Education*, Vol. 16, No. 5-6, June 2012.

Geraint Ellis, John Barry, Clive Robinson, "Many ways to say´no´, different ways to say´yes´: Applying Q-Methodology to understand public acceptance of wind farm proposals", *Journal of Environmental Planning and Management*, Vol. 50, No. 4, July 2007.

Gillad Rosen, Anne B. Shlay, "Whose Right to Jerusalem?", *International Journal of Urban and Regional Research*, Vol. 38, No. 3, February 2014.

Graham Smith, William A Maloney, Gerry Stoker, "Building Social Capital in City Politics: Scope and Limitations at The Inter-Organisational Level", *Political Studies*, Vol. 52, No. 10, February 2004.

Harrie L E, "The Constraint Method for Solving Spatial Conflicts in Cartographic Generalization", *Cartography and Geographic Information Science*, Vol. 26, No. 1, January 1999.

Henri Lefebvre, *The Production of Space*, Translated by Donald Nicholson-Smith, Oxford: Blackwell, 1991.

Henri Lefebvre, *Writings on Cities*, Selected, Translated and Introduced by Eleonore Kofman and Elizabeth Lebas, Oxford: Blackwell, 1996.

Jessica Trounstine, "All Politics Is Local: The Reemergence of the Study of City Politics", *Perspectives on Politics*, Vol. 7, No. 3, September 2009.

John Barry, Geraint Ellis, and Clive Robinson, "Cool Rationalities and Hot Air: A Rhetorical Approach to Understanding Debates on Renewable Energy", *Global Environmental Politics*, Vol. 8, No. 2, May 2008.

Jon Pierre, *The Politics of Urban Governance*, Basingstoke: Palgrave Macmillan, 2011.

Justin Brewer, Daniel P Ames, David Solan, Randy Lee, Juliet E. Carlisle, "Using GIS Analytics and Social Preference Data to Evaluate Utility–Scale Solar Power Site Suitability", *Renewable Energy*, Vol. 81, September 2015.

Kathleen A. Kemp, "Race, Ethnicity, Class and Urban Spatial Conflict: Chicago as a Crucial Test Case", *Urban Studies*, Vol. 23, No. 3, June 1986.

Komali Yenneti, Rosie Day, Oleg Golubchikov, "Spatial Justice and The Land Politics of Renewables: Dispossessing Vulnerable Communities Through Solar Energy Mega–Projects", *Geoforum*, Vol. 76, November 2016.

Lois M Takahashi, "Information and Attitudes Toward Mental Health Care Facilities: Implications for Addressing the NIMBY Syndrome", *Journal of Planning Education and Research*, Vol. 17, No. 2, December 1997.

M. Purcell, "A Place for The Copts: Imagined Territory and Spatial Conflict in Egypt", *Ecumene*, Vol. 5, No. 4, October 1998.

Maarten Wolsink, "Entanglement of Interests and Motives: Assumptions Behind The NIMBY – Theory on Facility Siting", *Urban Studies*, Vol. 31, No. 6, June 1994.

Manuel Castells, *The Urban Question: A Marxis Approach*, London: Edward Arnold Ltd, 1977.

Michael Dear, "Understanding and Overcoming the NIMBY Syndrome", *Journal of the American Planning Association*, Vol. 58, No. 3, Nov 2007.

Myron A. Levine, *Urban Politics: Cities and Suburbs in A Global Age*, New York: Routledge, 2015.

O' Hare Michael, "Not on My Block You Don't: Facility Siting and the Strategic Importance of Compensation", *Public Policy*, Vol25, March 1977.

Otero, Lydia R, *La Calle: Spatial Conflicts and Urban Renewal in A Southwest City*, Tucson: University of Arizona Press, 2010.

Patrick Devine-Wright, "Rethinking NIMBYism: The Role of Place Attachment and Place Identity in Explaining Place-Protective Action", *Journal of Community & Applied Social Psychology*, Vol. 19, No. 6, November 2009.

Peter Andrew Groothuis, Gail Miller, "Locating Hazardous Waste Facilities: The Influence of NIMBY Beliefs", *American Journal of Economics and Sociology*, Vol. 53, No. 3, July 1994.

Richard G. Kuhn, Kevin R. Ballard, "Canadian Innovations in Siting Hazardous Waste Management Facilities", *Environmental Management*, Vol. 22, No. 4, August 1998.

Robert D Benford, Helen A. Moore, J. Allen Williams Jr, "In Whose Backyard?: Concern About Siting a Nuclear Waste Facility", *Sociological Inquiry*, Vol. 63, No. 1, January 1993.

Robert W. Lake, "Planners' Alchemy Transforming NIMBY to YIMBY: Rethinking NIMBY", *Journal of the American Planning Association*, Vol. 59, No. 1, March 1993.

Ronald K. Vogel (ed), *Handbook of Research on Urban Politics and Policy in The United States*, Westport: Greenwood Publishing Group, 1997.

Shawn Olson Hazboun, Richard Krannich, Peter G Robertson, "Public Views on Renewable Energy in The Rocky Mountain Region of The United States: Distinct Attitudes, Exposure, And Other Key Predictors of Wind Energy", *Energy Research & Social Science*, Vol. 21, No. 10, November 2016.

Susan Hunter, Kevin M Leyden, "Beyond NIMBY: Explaining Opposition to Hazardous Waste Facilities", *Policy Studies Journal*, Vol. 23, No. 4, December 1995.

Susan J. Elliott, "Comparative Analysis of Public Concern Over Solid Waste Incinerators", *Waste Management & Research*, Vol. 16, No. 4, August 1998.

Tanya O' Garra, Susana Mourato, Peter Pearson, "Investigating Attitudes to Hydrogen Refuelling Facilities and The Social Cost to Local Residents", *Energy Policy*, June 2008.

Theresa Enright, "Transit Justice as Spatial Justice: Learning from Activists", *Mobilities*, Vol. 14, No. 1, July 2019.

Toddi A. Steelman, Joann Carmin, "Common Property, Collective Interests, and Community Opposition to Locally Unwanted Land Uses", *Society and Natural Resources*, Vol. 11, No. 5, July 1998.

Yi Sun, "Facilitating Generation of Local Knowledge Using a Collaborative Initiator: A NIMBY Case in Guangzhou, China", *Habitat International*, Vol. 46, April 2015.